図説
常陸武士の戦いと信仰

茨城県立歴史館 編

序にかえて

本書は、茨城県立歴史館が平成二十六年（二〇一四）二月八日から三月二十一日まで開催した特別展『常陸南北朝史―そして、動乱の中世へ―』の展示図録がベースとなっています。戎光祥出版株式会社が文章表現をやさしく書き直し、図や表の体裁を整え、また手に取りやすいサイズにリメイクしたもので、当館の学芸員が学術的な誤りがないかをあらためて確認しております。

当館は、昭和四十九年（一九七四）に開館し、半世紀近い歩みがあります。本県三昧塚古墳出土の金銅馬形飾付透彫冠や御三卿一橋徳川家に関する重要文化財など、五十五万件余りの資料を収集・保管するとともに、多彩なテーマに基づく展示会を開催し、これまでに三百六十万人を超える方々にご来館いただいております。読者の皆様には、ぜひ当館にも足をお運びくださいますようお願い申し上げます。

結びにあたり、出版にあたり貴重な資料の掲載を御許可くださいました所蔵者の皆様、並びに御協力いただきました関係各位に対しまして厚く御礼申し上げます。

令和五年一月

茨城県立歴史館
館長　小泉元伸

太平記絵巻◆埼玉県立歴史と民俗の博物館蔵

【凡例】

・本書は平成二十六年（二〇一四）刊行の図録『常陸南北朝史―そして、動乱の中世へ―』（茨城県立歴史館編集・発行）をもとに、新たに図表・写真を加えて、再編集したものである。

・人名や歴史用語については大幅にルビを追加した。読み方については、歴史上の用語、とりわけ人名の読み方は定まっていない場合も多く、ルビで示した読み方が確定的というわけではない。

【目次】

第一部　常陸武士の合戦

Ⅰ　鎌倉北条氏と常陸武士の相克

Ⅱ　北畠親房と常陸合戦

太平記絵巻◆埼玉県立歴史と民俗の博物館蔵

中世常陸国周辺地図
大宮
佐竹氏
太田
上岩瀬
茂木
久慈川
瓜連
額田
那珂西
那珂
那珂郡
笠間
水戸
那珂川
宍戸氏
宍戸
江戸氏
湊
難台山
涸沼
茨城郡
宮ケ崎
常陸国
徳宿
大掾氏
石岡
志筑
府中
鉾田
烟田
藤沢
玉造
梶山
南野荘
行方氏
鹿島郡
行方郡
高井
土浦
行方
林
香取海
信太荘
鹿島氏
牛久
鹿島社
潮来
阿波崎
神宮寺
東条氏
牛久沼
東条荘
東条
龍ケ崎
佐原
香取社

鹿沼
宇都宮
芳賀
鬼怒川
粕尾
下野国
益子
上三川
西明
八木岡
真岡
箕輪
栃木
橋本
小栗
小栗氏
伊佐
伊佐氏
祇園
長福寺
真壁氏
佐野
鷲
伊佐郡
結城
結城氏
中郡荘
真壁
思川
関郡
真壁郡
結城郡
渡良瀬川
鬼怒川
関
関氏
筑波山
駒
大宝
下妻氏
小幡氏
古河
多賀谷
豊田郡
下河辺荘
小田
小貝川
小田氏
下総国
栗橋
石下
幸嶋郡
田中荘
高柳
騎西
関宿
久喜
高野渡
武蔵国
河内郡
利根川
野田
岩付
守谷
見沼

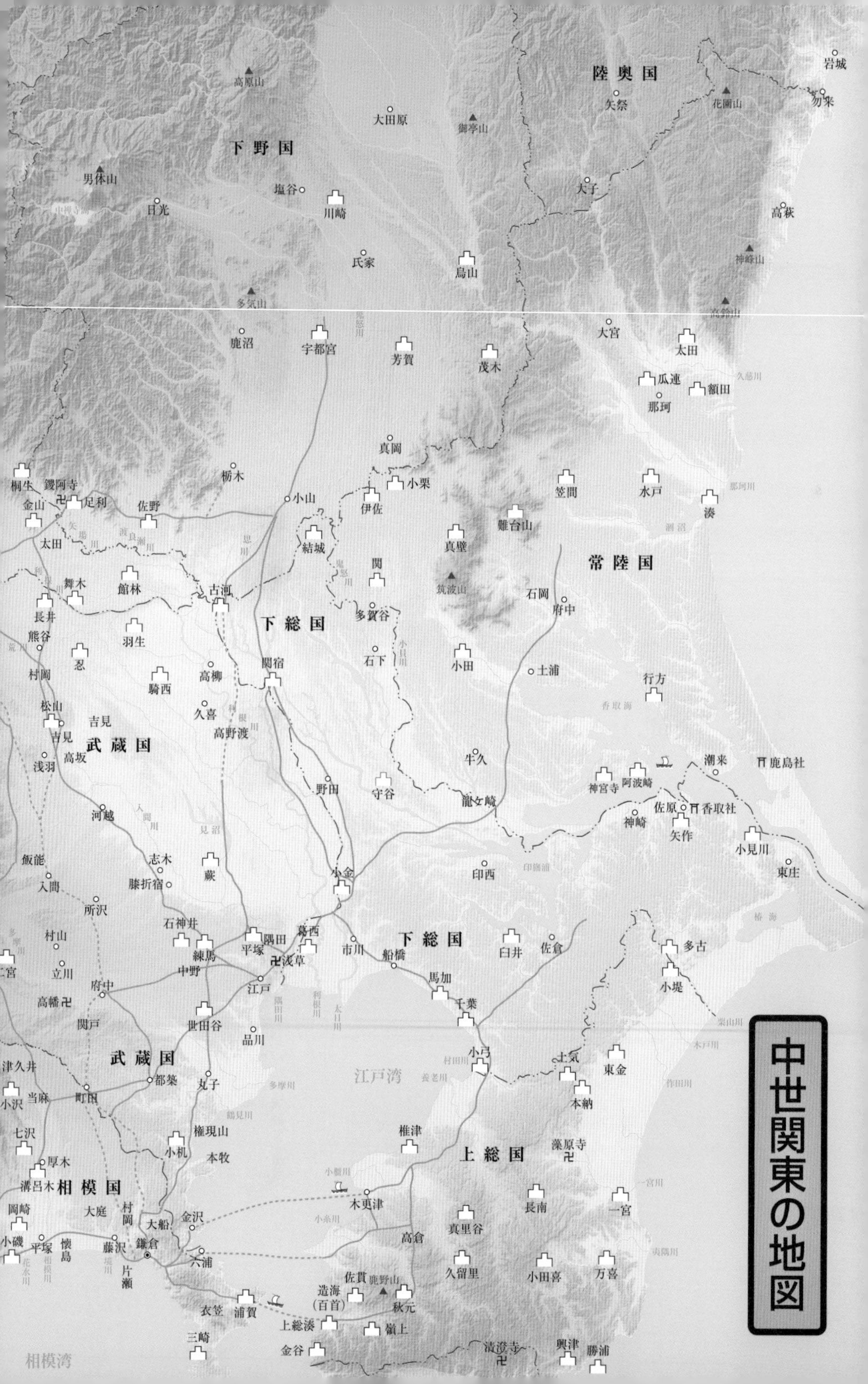
中世関東の地図
陸奥国
岩城
高原山
矢祭
花園山
勿来
大田原
御亭山
下野国
男体山
塩谷
川崎
大子
高萩
日光
中禅寺湖
氏家
烏山
神峰山
多気山
鬼怒川
大宮
鹿沼
宇都宮
芳賀
茂木
太田
久慈川
瓜連
額田
那珂
真岡
栃木
小栗
笠間
水戸
桐生
鑁阿寺
小山
那珂川
金山
足利
佐野
伊佐
難台山
湊
矢場川
渡良瀬川
涸沼
太田
思川
結城
真壁
常陸国
利根川
舞木
館林
古河
関
筑波山
石岡
長井
鬼怒川
府中
下総国
多賀谷
熊谷
羽生
荒川
忍
小貝川
小田
石下
高柳
関宿
土浦
行方
村岡
騎西
松山
香取海
久喜
吉見
吉見
利根川
高野渡
武蔵国
浅羽
高坂
牛久
潮来
鹿島社
神宮寺
阿波崎
野田
守谷
龍ケ崎
入間川
佐原
香取社
河越
神崎
見沼
矢作
小見川
飯能
志木
蕨
入間
印西
印旛沼
東庄
藤折宿
小金
所沢
石神井
隅田
葛西
椿海
村山
下総国
多摩川
平塚
練馬
浅草
市川
船橋
臼井
佐倉
多古
二宮
立川
中野
馬加
小堤
府中
江戸
隅田川
利根川
太日川
高幡
千葉
関戸
世田谷
品川
栗山川
小弓
木戸川
津久井
武蔵国
村田川
土気
東金
江戸湾
養老川
作田川
当麻
町田
都築
丸子
多摩川
本納
小沢
鶴見川
七沢
権現山
椎津
藻原寺
上総国
小机
厚木
本牧
小櫃川
一宮川
溝呂木
相模国
木更津
長南
一宮
岡崎
大庭
村岡
大船
金沢
小糸川
真里谷
小磯
平塚
懐島
藤沢
鎌倉
六浦
高倉
夷隅川
相模川
花水川
境川
片瀬
久留里
小田喜
万喜
造海
(百首)
佐貫
鹿野山
衣笠
浦賀
秋元
上総湊
嶺上
三崎
清澄寺
興津
勝浦
金谷
相模湾

第一部◉常陸武士の合戦

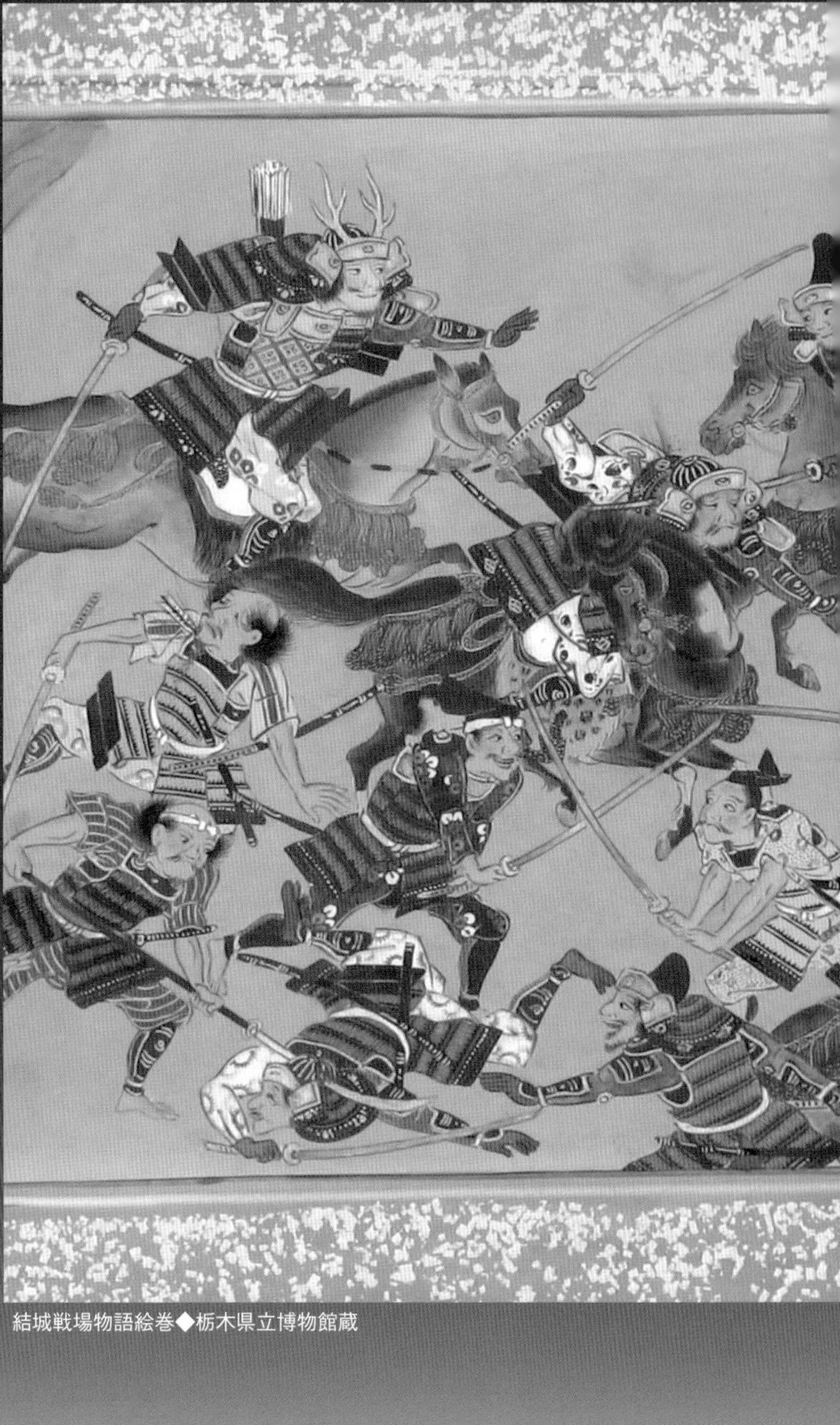

結城戦場物語絵巻◆栃木県立博物館蔵

I 鎌倉北条氏と常陸武士の相克

北条氏が勢力を拡大し、御家人たちと対立

源頼朝《みなもとのよりとも》が没した後の鎌倉幕府では、北条《ほうじょう》氏の台頭がめざましかった。北条氏は事実上の祖である時政《ときまさ》と、その娘・政子《まさこ》が頼朝と姻戚関係を結び、その子の頼家《よりいえ》・実朝《さねとも》が征夷大《せいいたい》将軍《しょうぐん》となることで、将軍を補佐する執権《しっけん》を輩出する一族となった。幕府創業時から、他の有力御家人《ごけにん》のなかでは頭一つ抜き出た存在であった。

やがて、北条氏は二代将軍頼家の追放・暗殺、三代将軍実朝の暗殺などを経て、承久《じょうきゅう》三年（一二二一）の承久の乱では、御家人を指揮して、後鳥羽上皇《ごとばじょうこう》など朝廷《ちょうてい》方に圧勝した。朝廷を事実上、服従させたのである。こうして、幕府内部では、さらにゆるがない強い立場になった北条氏は、将軍を朝廷（藤原摂関家《ふじわらせっかんけ》、さらには皇族）から迎えるなど、幕府の権威づけも一段と高めることとなった。

こうした北条氏の政治的上昇は、新たな矛盾・対立を生んだ。まずは大きな政治権力を握ったことからの慢心《まんしん》（おごり高ぶり）は否定できない。時代を経るなかで、執権はもちろん、それを支える連署《れんしょ》・評定衆《ひょうじょうしゅう》なども北条氏の一族が占めるようになった。とくに、北条時政から高時《たかとき》に至る北条氏の本家は得宗《とくそう》と呼ばれ、多くの執権・連署を輩出するなど、絶対的に近い権力を有したのである。そのため、ライバルとなる有力御家人は、いつ北条氏に危険視され、攻撃対象にされてもおかしくない状態となった。また、同じ北条氏でも、得宗に反発して没落する一族もでた。一方、所領の少ない中小御家人のなかには、北条氏一族と婚姻

関係を結ぶことで、自己の保全を計り、さらにその権力に寄り添う者も現れた。

しかし、北条氏には大きな弱点があった。それは他の有力御家人の上に立つ存在としては、出自や官位の面で、あまりにも権威が無さすぎたのである。それは北条氏が幕府滅亡まで一度も征夷大将軍になれなかったことに端的に表れている。もともと北条氏は伊豆国衙《いずこくが》の一役人とみられ、平氏出身となっているものの、本当の出自は不明といってよい。つまり、他の有力御家人の多くが平氏・源氏・藤原氏などの皇族や有力貴族の出身であり、頼朝に従うまでは少なくとも各国の郡や郷、そして荘園を基盤とする豪族だったこととは大きくかけ離れる。有力御家人にとって、うわべは別として「権威のない北条氏には従えない」というのが代々の本音といえよう。

北条氏のもつ政治的・軍事的脅威、それに相反する権威の無さ、これらの矛盾・対立から生じた北条氏と御家人たちの動乱は、常陸や北下総の各地にもみられるようになった。そうした諸相を、承久の乱、宝治《ほうじ》合戦、霜月騒動《しもつきそうどう》の順でみておきたい。

『曽我物語図会』に描かれた北条時政◆源頼朝の挙兵を助け、初代執権になった人物として知られる。幕府内の支持勢力の拡大を成功させ、幕府の実権を握るまでに地位を高めた　国立国会図書館デジタルコレクション

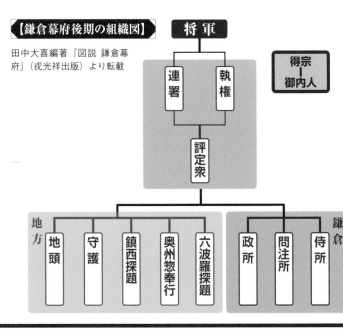

【鎌倉幕府後期の組織図】

田中大喜編著『図説 鎌倉幕府』（戎光祥出版）より転載

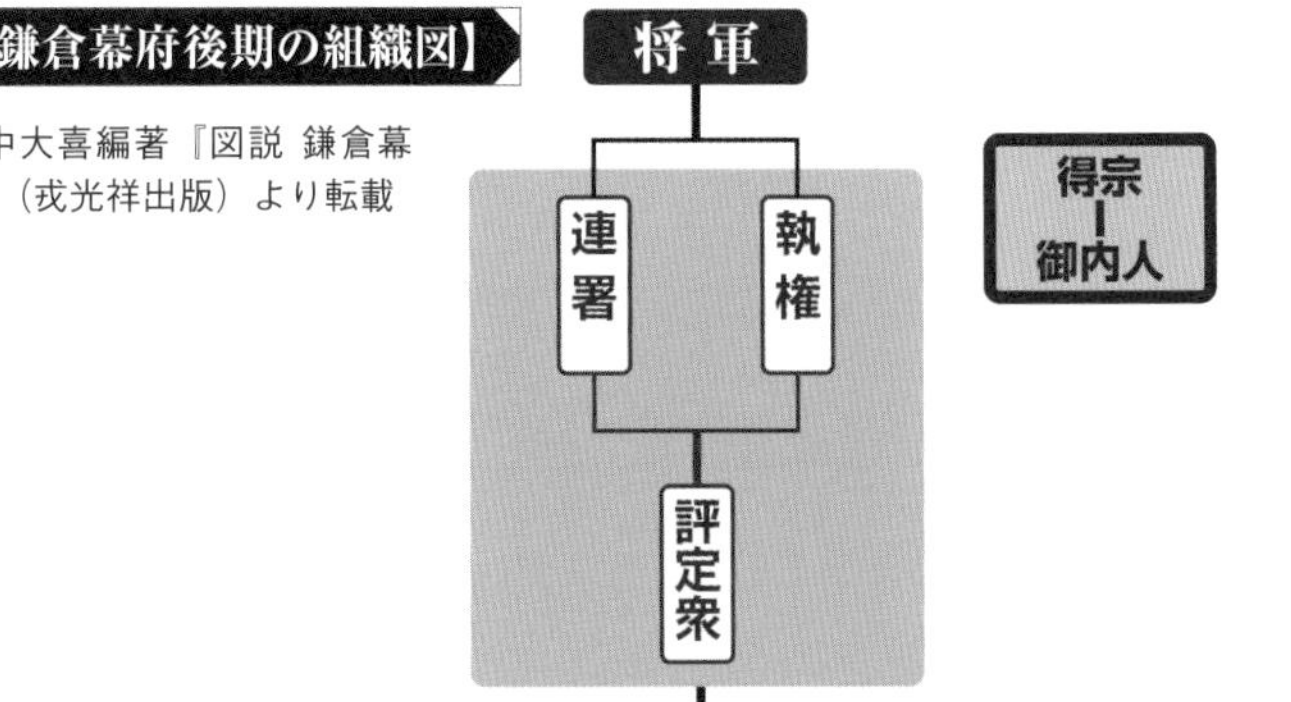

（右頁）鎌倉市空撮◆写真提供：鎌倉市まちづくり計画部都市計画課

承久の乱―常陸国守護・八田知家と中小武士団の活躍

承久三年（一二二一）五月なかば、後鳥羽上皇より幕府執権の北条義時《よしとき》を追討せよ、との院宣《いんぜん》がだされると、義時は子の泰時《やすとき》を総大将とする軍勢を西に向かわせ、六月なかばには京都を制圧した（承久の乱）。この結果、後鳥羽上皇をはじめとする多くの皇族、上皇に同調した貴族たちが処罰された。

この乱に際して、常陸国守護職《しゅごしき》の八田知家《はったともいえ》は留守居《るすい》として鎌倉に残るも、次子の知尚《ともひさ》（筑《ちく》後六郎《ごろくろう》）は上皇方に付いた。こうした八田（小田《おだ》）氏の内部矛盾は、小田氏の所領経営にも影を落とし、おそらくは知尚の叛逆《はんぎゃく》を理由に小田氏根幹の地・信太荘《しだのしょう》が北条氏の手に落ちたとみられる。水戸《みと》地方を治めた吉田《よしだ》氏（大掾《だいじょう》氏）から出た石川《いしかわ》氏は、大仏《おさらぎ》北条氏との関係が密接であった。石川家幹《いえもと》の子・武幹《たけもと》（常葉五郎《とこはごろう》）は承久の乱で北条泰時の軍に付き、六月十四日の宇治橋《うじばし》の合戦で討ち死にしている。石川氏と北条氏、とりわけ大仏北条氏との関係は、家幹の子の段階には密接であったようだ。

中郡荘《ちゅうぐんのしょう》では、貞永《じょうえい》元年（一二三二）早々、地頭職《じとうしき》の中郡重経《しげつね》が、蓮華王院《れんげおういん》の預所《あずかりどころ》と争い、悪口の科《とが》で地頭職を没収された。その跡には北条氏と姻戚関係にある安達義景《あだちよしかげ》が地頭職となった。義景の事績は重経没落後、ほどなくしてみられ、貞永元年十一月には、源守《もり》吉《よし》に対して中郡荘加茂部《かもべ》郷の加茂社の神主職を補任している。さらに、義景の子の泰盛《やすもり》は、文永《ぶんえい》五年（一二六八）十一月に、鹿島社領《かしましゃりょう》磯部次郎祢宜《いそべじろうねぎ》の遺領《いりょう》をめぐる争論に際して裁定を下している。この安達氏は、のちの霜月騒動で深刻な打撃を受けることとなる。

後鳥羽上皇画像◆文武に秀でたことで知られる。承久の乱で北条義時を討伐しようと兵をあげるも敗北。隠岐に配流となり、延応元年（一二三九）に同地で崩御した　『歴代至寳帖』　個人蔵

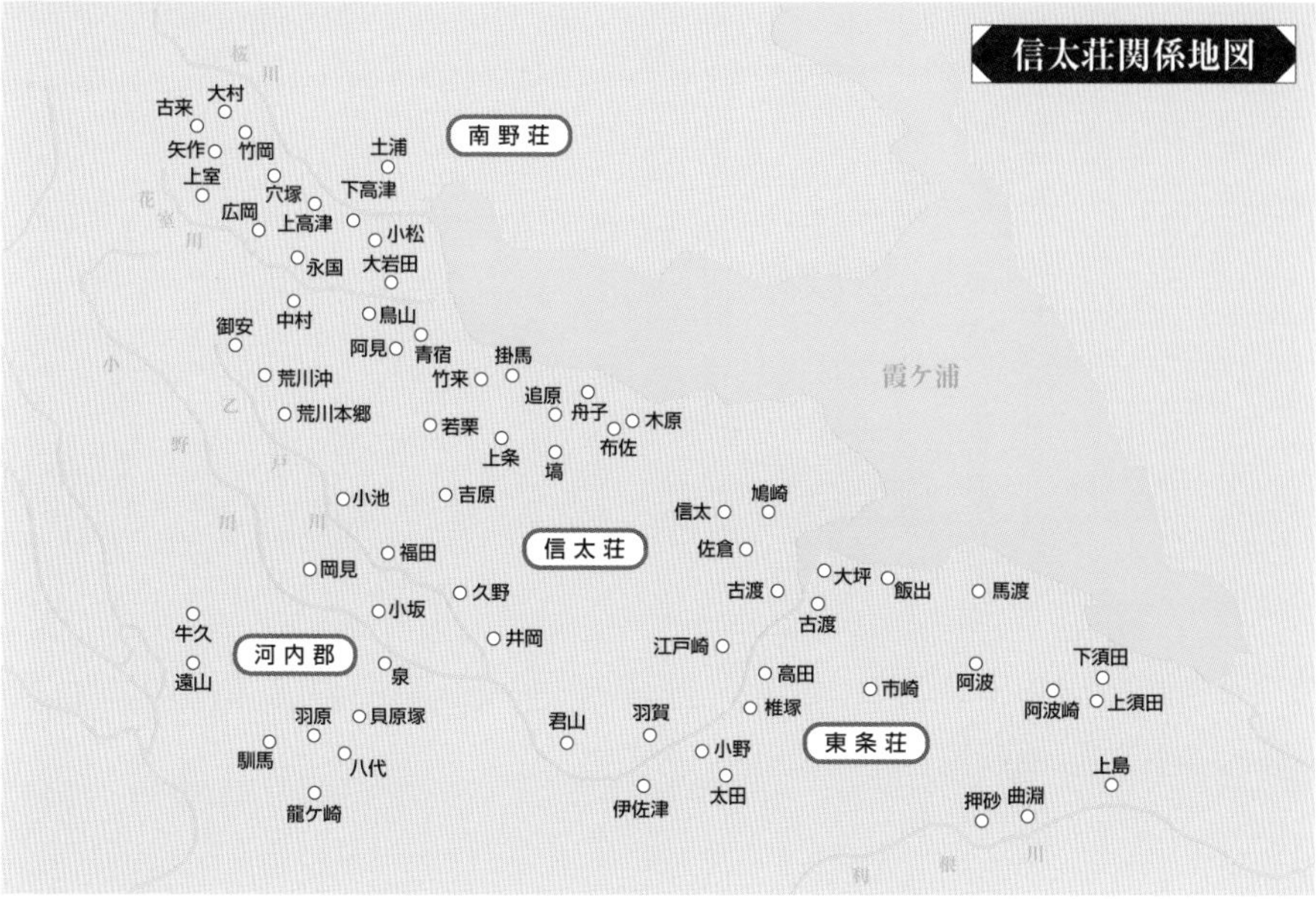

『稲敷魂！稲敷の文化財　中世文書の世界』掲載図をもとに作成。地形は現在のもの

田中大喜編著『図説 鎌倉幕府』（戎光祥出版）より転載、一部改変

伝統的武士団の関氏・下河辺氏・下妻氏が没落した宝治合戦

嘉禄《かろく》二年（一二二六）、藤原摂関家・九条道家《くじょうみちいえ》の子である頼経《よりつね》を四代将軍として鎌倉に迎えた。摂家将軍《せっけしょうぐん》のはじまりである。北条氏にとって将軍はあくまで幕府の権威の象徴であり、実権のない傀儡《かいらい》であった。しかし、寛元《かんげん》二年（一二四四）四月二十八日、頼経は子の頼嗣《よりつぐ》に五代将軍の職を譲り、頼経自身は「大殿《おおとの》」として隠然たる力をもつようになると、北条時頼《ときより》は、頼経および頼経を擁立する三浦泰村《みうらやすむら》を危険視した。そして、時頼は寛元四年（一二四六）三月二十三日に執権になると、同年五月二十四日に頼経を京都に強制送還する。さらに、翌年の宝治《ほうじ》元年（一二四七）になると、時頼は三浦泰村を挑発し、同年六月五日に鎌倉で軍事衝突が起きた。泰村は敗北し三浦氏は滅亡した。これが宝治合戦である。

三浦泰村の敗死により、姻族たちも深刻な影響を受けた。その最たる者が関政泰《せきまさやす》であった。政泰は常陸国関郡を支配する小山《おやま》氏系の一族であり、泰村の妹を妻としていた。政泰は泰村とともに時頼率いる幕府軍と戦い、鎌倉・法華堂《ほっけどう》にて一族とともに自害した。この結果、関氏の支配した関郡はもちろん、隣接する下総国豊田郡大方郷《とよだぐんおおがたごう》（茨城県八千代町）も北条得宗領となり、現地には北条得宗家の家来たち、すなわち得宗《とくそう》被官《ひかん》の諏訪《すわ》氏が入った。

北下総の下河辺荘《しもこうべのしょう》を支配していた下河辺氏も、この事件に巻き込まれて没落したようで、下河辺荘は金沢《かねさわ》北条氏の治めるところとなった。さらに小田氏も同様であり、小田泰知《やすとも》は泰村の娘を妻としていたために没落し、知家以来、保持してきた小田氏本

和田合戦図屏風◆都城市立美術館蔵

家の常陸守護職を一族の宍戸《ししど》国家《くにいえ》（壱岐守系《いきのかみ》）に譲ることになってしまった。また、関郡に隣接する下妻《しもつま》荘も、大仏北条氏の支配下に入っている。経緯は明らかではないものの、下妻氏も関政泰に同調して泰村方に付いたのかもしれない。

鎌倉時代末期の茨城県域

『常陸南北朝史』掲載図をもとに作成。黄色の部分が北条氏の支配地域の群荘、黒丸印が主な北条氏の支配地域の郷村である

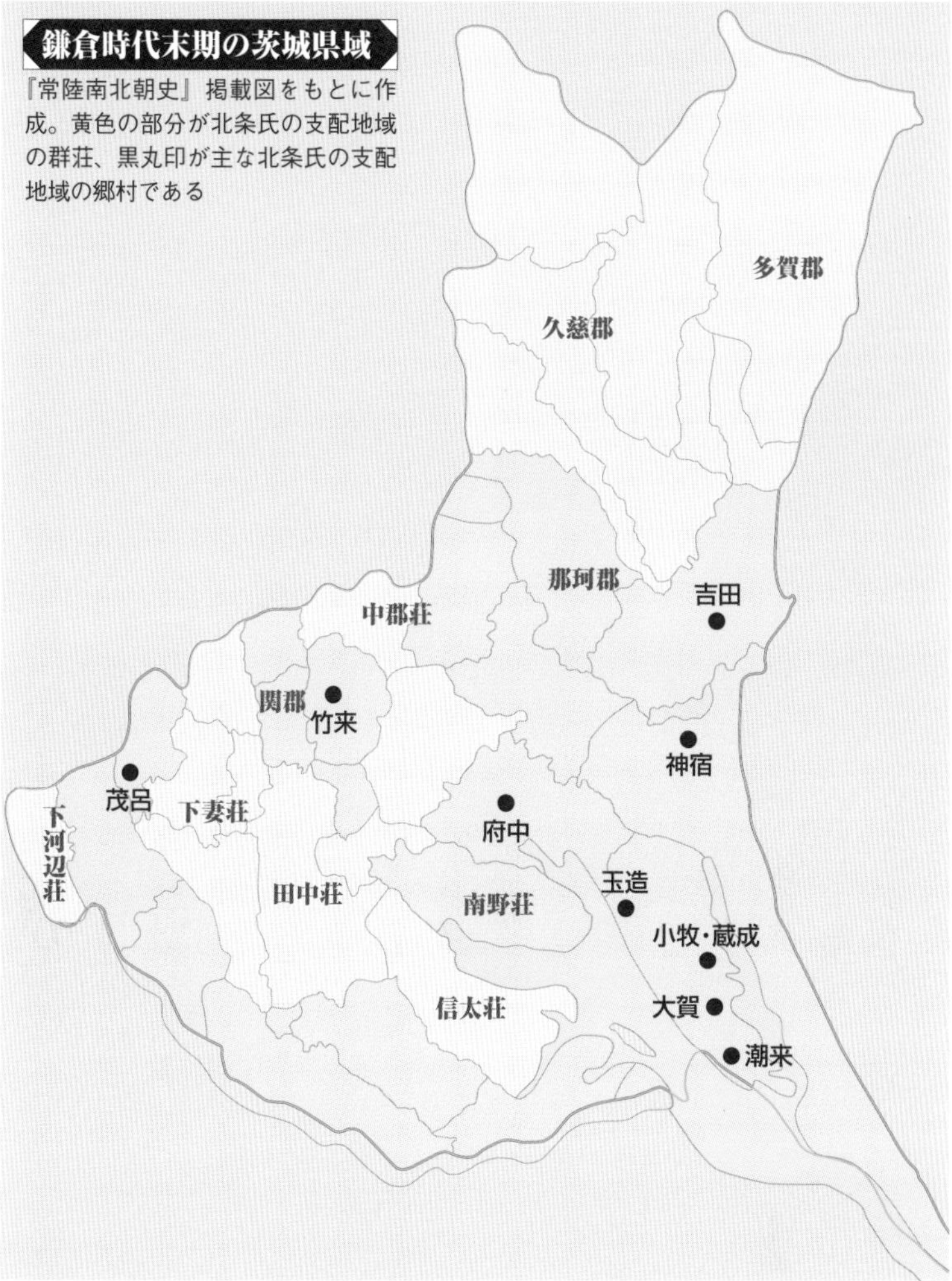

頼朝法華堂跡◆神奈川県鎌倉市

三浦一族の墓◆三浦泰村は、源頼朝の持仏を祀る法華堂にて一族と共に自害した　神奈川県鎌倉市

霜月騒動で安達泰盛が討ち死に、北条氏が潮来を押さえる

三浦氏の没洛後も将軍の更迭《こうてつ》は続き、さらに北条氏内部でも、得宗家に反発しそうな一族は粛正《しゅくせい》されるなか、文永五年（一二六八）四月十八日、北条時宗《ときむね》は執権に就任した。そして、文永十一年（一二七四）と弘安四年（一二八一）の二度にわたるモンゴルとの戦争も、なんとか乗り切った幕府であったが、けっして安定的な政治運営が進んだわけではなかった。幕府内部の勢力図も変わり、将軍直属である御家人ではなく、たとえば信濃国の諏訪氏（もとは御家人）のような得宗被官の立場が強くなっていったのである。この得宗被官たちを、歴史的には御内人《みうちびと》と称するが、その筆頭が内管領《ないかんれい》平頼綱《たいらのよりつな》である。

島名前野東遺跡空撮◆茨城県つくば市島名
写真提供：公益財団法人茨城県教育財団

一方、数々の権力闘争に生き残った有力御家人が安達泰盛であった。時宗は弘安七年（一二八四）四月四日に亡くなり、泰盛は北条得宗家の外戚《がいせき》（北条時宗の妻「覚山尼《かくさんに》」の父〈実際は兄〉）として幼い執権の貞時《さだとき》を支え、一方では幕政改革（弘安徳政《こうあんとくせい》）にも着手した。これは将軍権力の強化、御家人の統制と保護、そして御内人には将軍への忠勤と幕府公務からの排除などの点に特徴がある。

しかし、泰盛の改革に対する御内人からの反発は強く、ついに弘安八年（一二八五）十一月十七日、平頼綱は泰盛を襲撃してこれを討ち果たした。得宗の外戚と御内人の争い、霜月騒動である。騒動

安達泰盛◆鎌倉幕府の評定衆を務め、得宗家の外戚でもあったことから権勢を誇った人物として知られる　『蒙古襲来絵詞』　宮内庁三の丸尚蔵館蔵　熊本県立美術館『蒙古襲来絵詞展』図録より転載

の舞台は鎌倉だけではなかった。その余波は全国に及び、頼綱派に討たれた御家人は五百を超えたという。そのなかには常陸国関係者も少なからず含まれた。まず、泰盛の弟である重《しげ》景《かげ》だ。重景は記録によると常陸国で自害《じがい》したとあり、そこは安達氏が支配した中郡荘であろう。これは安達氏の中郡荘支配の終焉も意味した。

さらに深刻なのは、小田氏一族で常陸国田中荘《たなかのしょう》を支配していた田中氏であった。田中筑《ちく》後五郎左衛門尉《ごごろうさえもんのじょう》、同筑後四郎《ちくごしろう》（知泰《ともやす》）が討たれ、田中荘は北条高時の弟・泰家《やすいえ》が支配することになった。そのなかで興味深いのが、つくば市島名《しまな》に所在した前野東遺跡《まえのひがしいせき》である。ここから「西館」と称する一辺百メートルを測る方形の堀跡が検出され、区画内からは上級武士の屋敷とみられる建物跡もみつかっている。十四世紀代で、しかも短期間しか利用されていない点から、鎌倉幕府滅亡までの、北条泰家による現地支配の拠点であった「政所《まんどころ》」が置かれていたのだろう。このほか、小田氏一族では筑後伊賀四郎左衛門尉《いがしろうさえもんのじょう》こと、高野景家《たかのかげいえ》とその子息が討たれた。高野氏は陸《む》奥《つ》国高野郡にも進出しており、その地が北条氏領に組み込まれたほか、北郡《きたぐん》も金沢北条氏領・得宗領になっており、この地域を支配していた小田氏一族のいずれかが泰盛方として討ち死にしたらしい。

佐竹《さたけ》氏の本貫の地・奥七郡《おくしちぐん》にも北条氏関係の所領があった。経緯は不明だが、多可郡《たかぐん》を北条得宗家の被官諏訪《すわ》氏、瓜連《うりづら》を北条時頼の孫・桜田《さくらだ》（瓜連）貞国《さだくに》、そして那珂東郡を大仏維貞《これさだ》が、それぞれ治めた。また、行方《なめがた》郡も本来は常陸平氏の行方氏一族の支配地域であったが、小幡《おばた》郷・外小牧《そとこまき》村・玉造《たまつくり》郷などが北条氏領、高岡《たかおか》郷もその一部が北条氏ゆかりの建長《けんちょう》寺《じ》領であった。東条《とうじょう》荘も南北朝の動乱期に東条氏が南朝方にあったところをみると、北条氏の手に落ちていた可能性がある。

このほか、伊佐《いさ》郡も佐介《さすけ》北条氏の支配下に入っており、これに常陸国関郡・同下妻荘、そ

島名前野東遺跡出土資料◆遺跡内にて、「西館跡」と命名された遺構からの出土資料。第十六号掘立柱建物跡は上級武士の住まいが想定され、霜月騒動後に同荘に入部した北条氏の現地支配の拠点（政所）ともいわれている　つくば市教育委員会蔵

長勝寺の梵鐘◆茨城県潮来市・長勝寺蔵

して下総国岡田郡大方郷・豊田荘飯沼・幸嶋《さしま》郡《ぐん》・下河辺荘など、鬼《き》怒川《ぬがわ》・小貝川《こかいがわ》・常陸川《ひたちがわ》の流域は、ほとんどが北条氏関係の所領となった。これに霞ケ《かすみが》浦《うら》・北浦《きたうら》沿岸の信太荘、さらに行方郡の諸郷なども加えれば、北条氏は十四世紀初頭までに、茨城県域の南部から南東部にかけての河川・湖沼《こしょう》地帯を掌握したことになり、これによって水運機能をほぼ手中に収めた、といってよいだろう。

その象徴が、行方郡潮来《いたこ》郷の潮来津に面する長勝寺《ちょうしょうじ》の梵鐘《ぼんしょう》だ。この梵鐘は、下野《しもつけ》国天明《てんみょう》の鋳物師《いものし》・甲斐権守《かいごんのかみ》助光《すけみつ》が鋳造《ちゅうぞう》したものであり、元徳《げんとく》二年（一三三〇）十一月一日付けの清拙正澄《せいせつしょうちょう》（元《げん》からの渡来僧《とらいそう》）の賛文《さんぶん》がみられる。その一節「客船夜泊《かくせんやはく》　常陸蘇城《ひたちのそじょう》」は、当時の潮来津の繁栄を端的に表している。中世の潮来を中国の水都・蘇州になぞらえているのである。あわせて、大施《だいせ》主《しゅ》として結城《ゆうき》氏一族の山川光義《やまかわみつよし》、さらに大檀那《おおだんな》として相模禅定門崇鑑《さがみぜんじょうもんそうかん》、すなわち執権も勤めた北条高時の名がある。ここに、太平洋から霞ケ浦・北浦の出入り口でもある潮来を押さえる北条氏の姿が垣間見られる。

現在の霞ケ浦

常陸へ浸透する鎌倉北条氏の勢力と水運網

また、常陸国在住の鋳物師も注目できる。それは、常陸国宍戸荘鳴井《なるい》郷の沙弥善性《しゃみぜんしょう》である。善性の所在地と見られる石岡市東成井《ひがしなるい》の東成井山ノ神《やまのかみ》遺跡から、仏像の鋳造《ちゅうぞう》鋳型《いがた》・炉《ろ》壁片《へきへん》・鉄滓《てっさい》・陶器片《とうきへん》などがみつかり、往時の鋳物師集団の活動を知ることができる。善性が製造に関わった梵鐘は、①応長《おうちょう》元年（一三一一）銘の下総国印東《いんとう》荘八代《やつしろ》郷の船形薬師寺《ふなかたやくしじ》、②延慶《えんけい》二年（一三〇九）の常陸国久慈西《くじにし》郡戸崎《とざき》村の蓮光寺《れんこうじ》、③正和《しょうわ》五年（一三一六）の常陸国鹿島郡安福寺《あんぷくじ》にあった。現存するものは①だけで、②③は『集古十種』などの記録によるが、北は常陸国北部から東は常陸国鹿島《かしま》郡、そして霞ケ浦を隔てた下総国北部の印東庄にも及んでいる。いずれも現地に出向き、そこで鋳造したとみられる。地方の鋳物師としては比較的移動範囲が広いといえよう。

沙弥善性作の梵鐘◆船形薬師寺のものである　千葉県成田市・宗吾霊堂保管

こうした広範囲な移動ができた背景は、他姓の領主たちが混在する従来の地勢から、北条氏というひとつの「氏族」に限定され、それによって水運網も北条氏の支配に基づいたかたちに整備されたためであろう。北条氏勢力の常陸・北下総への浸透は、従来の複雑な支配状況を壊すとともに、北条氏によるひとつのまとまった地域圏を創造したことになる。

東成井山ノ神遺跡出土仏像鋳造鋳型◆石岡市教育委員会蔵

船形薬師寺◆新義真言宗の古刹。本尊の薬師如来像や仁王門の金剛力士像は鎌倉時代前期頃の作とされる　千葉県成田市

鎌倉幕府の崩壊で北条氏から離反する常陸武士

以上のように、頼朝没後、北条氏はさまざまな機会を捉えては、ライバルとなる有力御家人を滅ぼした。さらに得宗の執権北条貞時《さだとき》は、正応《しょうおう》六年（一二九三）四月二十二日、権力の肥大化した平頼綱を滅ぼし（平禅門《へいぜんもん》の乱）、本格的な得宗による専制政治を始めた。

しかし貞時段階になると、とりわけ中小御家人は、分割相続による領地の零細化、貨幣経済の浸透による借金など、さまざまな面で疲弊が目立つようになった。それにあわせて土地や金銭をめぐる訴訟も増加し、幕府も対応に苦慮するようになった。

一方で、幕府は皇位継承問題にまで関与するようになった。第八十八代後嵯峨《ごさが》天皇の二人の皇子のうち、それぞれ第八十九代後深草《ごふかくさ》天皇、第九十代亀山《かめやま》天皇と兄弟で皇位を継いだ。これが皇統を二つに割り、幕府の介入を招くきっかけとなった。後深草天皇の皇統が持明《じみょう》院《いん》統、そして亀山天皇の皇統が大覚寺《だいかくじ》統と呼ばれた。幕府は朝廷のバランスを保つためにも朝廷操作（実際は意見を上奏する程度といわれる）を続け、文保《ぶんぽう》二年（一三一八）二月二十六日、持明院統の花園《はなぞの》天皇（第九十五代）から大覚寺統の後醍醐《ごだいご》天皇（第九十六代）に皇位が譲られるよう調整した。しかし、後醍醐天皇自身は皇位に対する幕府の介入そのものが不満であった。そこで密かに討幕運動を進め、正中《しょうちゅう》の変（一三二四）は未遂に終わったものの、元弘《げんこう》元年（一三三一）八月、再び挙兵した。このとき常陸国内の勢力では、六波羅探題府《ろくはらたんだいふ》に出仕していた小田氏一族の高野時知《たかのときとも》・貞知《さだとも》兄弟が幕府方として戦った。後醍醐天皇は翌九月には笠置山《かさぎやま》に移って戦ったが捕らえられ、翌二年三月に隠岐島《おきのしま》へ配流となった。そして、天皇の側近・藤原《ふじわらの》（万里小路《までのこうじ》）藤房《ふじふさ》は常陸国に護送され、小田氏本家の高知《たかとも》に預けられた。

この間、各地で反幕府行動が激化し、楠木正成《くすのきまさしげ》など既成の御家人とは異なる武士は河内国

『続英雄百人一首』に描かれた北条貞時◆時宗の長男で九代執権。霜月騒動で有力御家人の安達泰盛を滅ぼし、幕府内の要職に御内人を配して幕政を掌握した（得宗専制政治）。また、御家人の窮乏へ対処するため永仁の徳政令を発し、御家人の保護をはかった　当社蔵

方面でゲリラ戦を展開し、幕府軍を翻弄《ほんろう》していた。元弘三年（一三三三）閏《うるう》二月、後醍醐天皇は隠岐島を脱出して、伯耆国船上山《ほうきのくにせんじょうさん》にて三度目の倒幕の意志を公言した。そうした勢力の鎮圧に幕府は大軍を差し向けたが、その一翼を担った下野国《しもつけ》（栃木県）の御家人・足利《あしかが》高氏《たかうじ》は密かに後醍醐天皇の綸旨《りんじ》を得ると、同年四月に幕府軍を離反、同年五月七日に六波羅探題府を攻め滅ぼした。これをきっかけに多くの御家人たちが幕府から離反することとなった。

関東では上野国《こうずけ》（群馬県）の御家人・新田義貞《にったよしさだ》が、同年五月七日に幕府追討軍を起こすと鎌倉に攻め上り、同月十八日に鎌倉に突入、同月二十二日に北条高時など北条氏一族は東《とう》勝寺《しょうじ》で自害した。ここに鎌倉幕府は滅亡したのである。困窮した御家人を救うことができず、権威に不釣り合いな権力を持ちすぎた北条氏にとって、わずか十日余りの短い戦いによって起きた、あまりにもあっけない最期であった。

この滅亡に至るまで、常陸国の勢力はどのような状況にあったのか。話を戻すと、元弘三年五月七日、足利高氏に攻められた六波羅探題府では、六波羅探題北方《きたかた》・北条仲時《なかとき》、同南方《みなみかた》・北条時益《ときます》などは、持明院統の後伏見《ごふしみ》上皇、花園《はなぞの》上皇、光厳《こうごん》天皇を奉じ、そして仲時たちに仕えた多

大覚寺統・持明院統系図

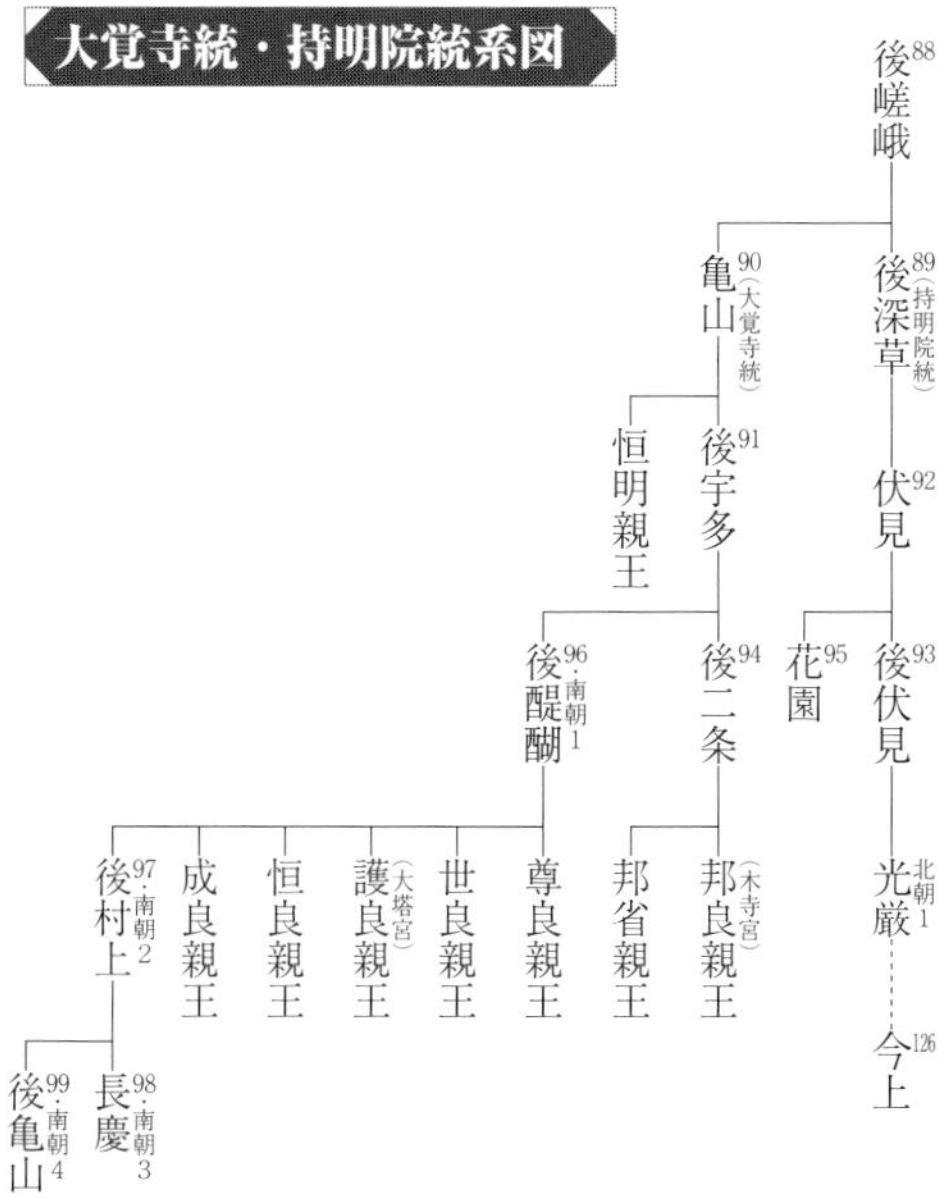

（右）現在の六波羅周辺◆京都市東山区

東勝寺腹切りやぐら◆東勝寺は臨済宗の寺院で、関東十刹の一つである。嘉禎三年（一二三七）、北条泰時が妻の母の追善のためにその墳墓の傍に退耕行勇を開山として建立した。文明十八年（一四八六）以前に廃されたが、永正年間頃に中興された。しかし、天正元年（一五七三）以降に再び廃寺になったという　神奈川県鎌倉市

後醍醐天皇画像◆東京大学史料編纂所蔵模写

くの御家人とともに、関東に向かって落ち延びようとした。しかし、途中で時益も含む従者たちは次々と討たれ、近江国《おうみ》番場宿《ばんばじゅく》（滋賀県米原市番場）に至ったとき、ついに佐々木道誉《ささきどうよ》などに行く手を阻まれてしまった。

同年五月九日、進退きわまった仲時たち四三二人は、同宿の蓮華寺《れんげじ》にて自害したという。『太平記《たいへいき》』には、「都合四百三十二人、同時に腹をぞ切たりける。血は其の身を浸《ひた》して、恰《あたか》も黄河《こうが》の流れの如《ごと》くなり」と記され、凄惨な光景が目に浮かぶ。蓮華寺には当時の様子を記した『陸波羅南北過去帳《ろくはらなんぼくかこちょう》』が遺されている。そこには、仲時以下、名前の明らかな一八九名が載っている。そのうち、石川九郎通幹《くろうみちもと》とその子息弥次郎通近《やじろうみちちか》、そして真壁三郎秀忠《まかべさぶろうひでただ》の名がみられる。

石川通幹は、系図上では明らかでないものの、現在の水戸市東部地域を治めた常陸平氏吉田氏一族の石川氏である。石川氏は高幹《たかもと》の段階で大仏北条氏との関係を強めており、大仏北条宗宣《むねのぶ》などが六波羅探題北方になったことを契機に、石川一族の通幹父子も出仕したようだ。

真壁秀忠も真壁氏の系図上では確認できない。しかし、「真壁氏略系図」（『真壁町史料』中世編Ⅰ）には第六代当主幹重《もとしげ》の兄弟として「元弘三年五月六日討死」とある真壁親幹《ちかもと》と、「父（親幹）と共に討死」とある義幹《よしもと》・楯幹《たてもと》・忠宗《ただむね》の三人の男子、そして「元弘三年五月七日自害」とある智幹《とももと》と二人の男子、満幹《みつもと》・幸幹《ゆきもと》の名がみえる。『陸波羅南北過去帳』には載らない真壁氏の犠牲者もいたのである。真壁氏は真壁荘を拠点とする御家人であったが、第四代当主

現在の番場宿◆江戸時代には中山道の宿場として栄え、琵琶湖を利用した舟運の物資が番場宿を経由することから、物流の拠点としても重要視された　滋賀県米原市

の盛時《もりとき》は荘内竹来《たかく》郷の土地をめぐるトラブルから、正安《しょうあん》元年（一二九九）十一月に、この郷の地頭職を鎌倉幕府に取り上げられる事態を起こしていた。そして、その跡には北条氏被官の江馬光政《えまみつまさ》が入っている。このトラブルをきっかけに真壁氏のなかから北条氏、あるいは江馬氏の被官になる者が現れたのかもしれない。『陸波羅南北過去帳』で、真壁秀忠（系図上は不詳）の次に江馬彦次郎常久《ひこじろうつねひさ》の名がみられるのも、真壁氏と江馬氏の関係を暗示しているようである。

　このほかで、常陸・北下総で北条氏と運命を共にした御家人は知られていない。大半は幕府から離反したとみられる。表面的には北条氏に寄り添った彼らも、一族の保全から媚《こ》びただけで、内心では多くの領地を奪われていたことへの恨みを抱き続けていたのだろう。

　とりわけ、小田氏はその傾向が強かった。一時は藤原藤房を預かるなど、鎌倉幕府に忠勤を示していた小田高知であったが、やはり幕府から離反した。幕府滅亡後に藤房をともなって上洛し、後醍醐天皇に謁した。そして天皇からその諱《いみな》・尊治《たかはる》から一字を与えられて、治久《はるひさ》と改名したのである。

（右）北条仲時画像◆滋賀県米原市・蓮華寺蔵

（左上）蓮華寺境内にある北条仲時ほか四三二名の墓◆滋賀県米原市・蓮華寺

（左下）藤原藤房の遺蹟◆後醍醐天皇の側近であった藤房は北条高時によってこの地に流され、小田治久に預けられた。その後、京へ戻ったが、僧侶となり諸国を遍歴したという。この地は藤房の髪を切って埋めた地と伝わり、髪塔塚とも呼ばれる　茨城県土浦市

建武政権に裏切られた武士たちの憎悪と、動乱の胎動

しかし、後醍醐天皇自らが政務を執った建武の新政は発足からすぐに破綻《はたん》が生じはじめた。多くの御家人の離反によって鎌倉幕府は滅亡したにもかかわらず、御家人への恩恵は足利尊氏（高氏から改名）がほぼ独占し、その他はほとんど無かった。一方、討幕には関係しない公家たちが、天皇の側近というだけで優遇されたのである。

もちろん、常陸国内の武士たちにとっても、期待は大きく裏切られたことになる。とりわけ北条氏に領地を奪われ続けた者たちは、当然、旧来の領地は返還されることを期待して後醍醐天皇に味方したわけであるから、こうした決定をとても受け入れることはできなかった。

小田氏は霜月騒動で奪われた田中荘をはじめ、北郡や信太荘などの返還を期待していたが、実際は足利尊氏のものとなった。関氏や下妻氏が宝治合戦で失ったとみられる関郡や下妻荘も足利氏に与えられたらしい。このほか、中郡荘も足利氏のものとなったようである。常陸・北下総は、北条氏領から一転して足利氏領になってしまった。

後醍醐天皇への失望、それにも増して、足利尊氏に対する憎悪は大きくなった。他方、常陸国北部の佐竹《さたけ》氏の場合、遠く頼朝の時代に、本領たる奥七郡を二階堂《にかいどう》氏・佐伯《さえき》氏・宇佐美《うさみ》氏などに奪われたかたちであった。しかし、これらの御家人たちは霜月騒動でほぼ没落しており、以後の佐竹氏旧領は北条氏領になった。そして、鎌倉幕府の滅亡によって、北条氏の支配も消滅した。元弘三年（一三三三）七月、後醍醐天皇は綸旨を下して佐都《さと》荘、東岡田《ひがしおかだ》郷、西岡田《にしおかだ》郷（茨城県常陸太田市）の本家職《ほんけしき》・領家職《りょうけしき》を京都の臨川寺《りんせんじ》領として、夢窓疎石《むそうそせき》に与えた。那珂《なか》東《ひがし》郡（茨城県ひたちなか市枝川より上流の那珂川東岸地域、大仏北条維貞跡）は、高氏の弟・直義《ただよし》に与えられた。また、久慈西郡は楠木正成に与えられたとみられる。

大寳寺◆佐竹氏が鎌倉に営んだ屋敷跡とされる。もとは佐竹氏の祖である源（新羅三郎）義光の屋敷だったと伝えられる場所でもある。佐竹氏は頼朝の時代に所領を奪われるかたちになり、いわゆる「冬の時代」を過ごすことになったが、地道ながらも勢力回復に努めていた　神奈川県鎌倉市

こうみると、佐竹氏にとっても鎌倉幕府の滅亡は、旧来の領地の回復を見込めるものではなかったことになる。しかし、後述するように、奥七郡に臨川寺領が設定されたことは、意外にも佐竹氏にとって好機となったのである。

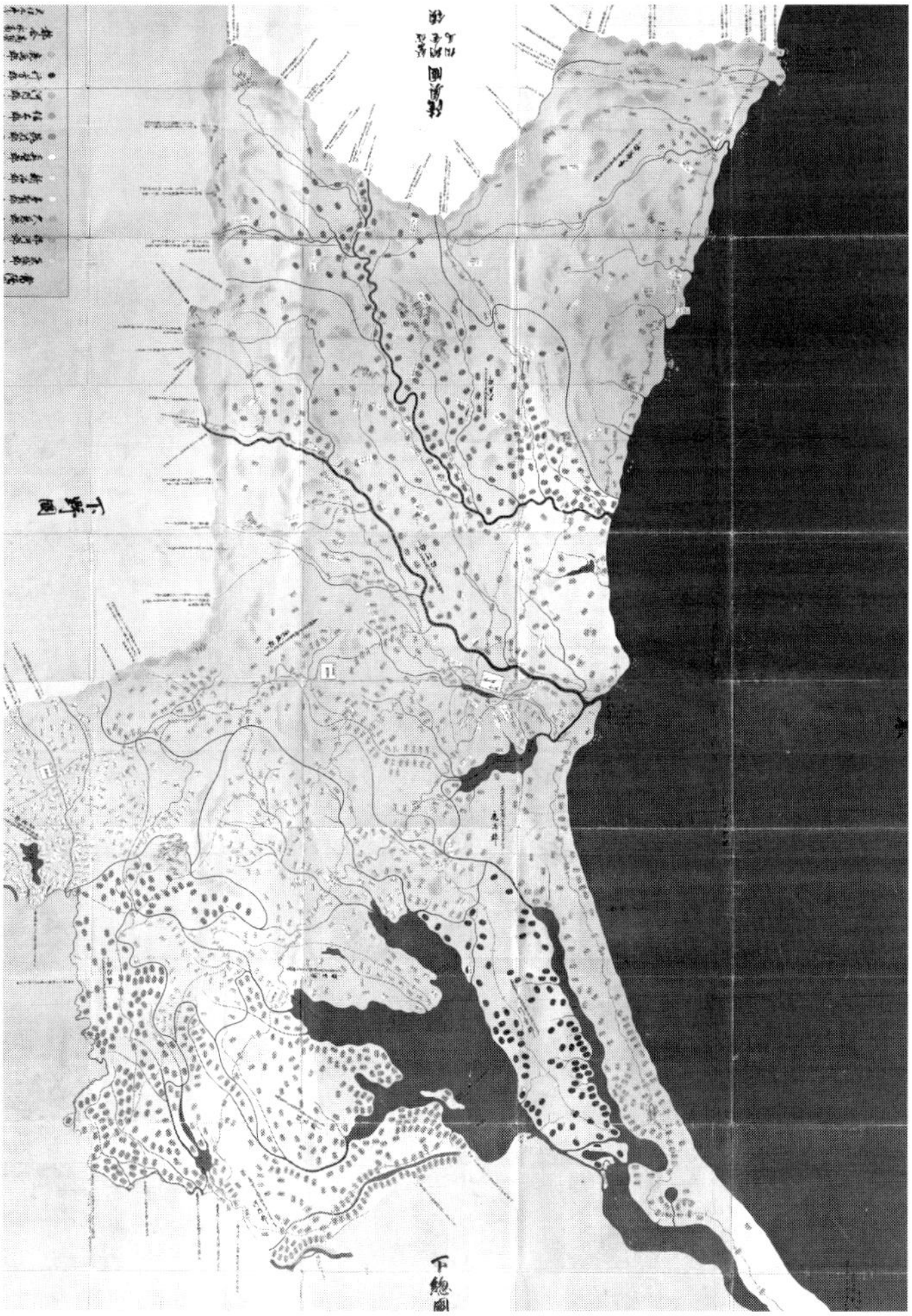

元禄国絵図のうち常陸国◆元禄国絵図は、元禄９年（1696）に作成が命じられ、同15年（1702）までにはほぼ全国の分が完成した国絵図である。常陸国の郡を知ることができる　国立公文書館蔵

小田氏の居城　藤沢城跡◆藤房の髪塔塚も近接していることから、当時、藤房が配流されていたのはこの城といわれている　茨城県土浦市

破綻する建武政権と南朝の要衝・瓜連城をめぐる戦い

建武政権の破綻は、政権樹立後まもなく、後醍醐天皇の皇子・護良《もりよし》親王と足利尊氏の征夷《せいい》大将軍《たいしょうぐん》の地位をめぐる対立から表面化した。そのようななか、建武二年（一三三五）七月、北条高時の遺子・時行《ときゆき》が蜂起した（中先代《なかせんだい》の乱）。足利尊氏は後醍醐天皇の勅許《ちょっきょ》を受けないまま関東に出陣した。そして、八月十九日に時行軍を破り、鎌倉を奪還したのである。さらに、尊氏は後醍醐天皇の帰洛命令を無視して、そのまま鎌倉に居続けた。

この行為を謀反《むほん》とみなした後醍醐天皇は、建武二年十一月八日、新田義貞を総大将とする尊氏追討軍を鎌倉に向かわせた。そして十二月二日、尊氏は箱根《はこね》竹ノ下《たけのした》合戦で義貞軍を破り、そのまま京都に向かって進撃した。翌三年（一三三六）正月十日に後醍醐天皇は比叡山《ひえいざん》に逃れ、同月十一日に尊氏は京都に入ったのである。一方、陸奥国で尊氏謀反の報を受けた北畠顕《きたばたけあき》家《いえ》は、建武二年十二月十二日に多賀国府《たがこくふ》を発すると、尊氏軍を追って東海道を進み、翌三年正月十六日に近江国坂本《さかもと》にて尊氏軍を破り、同月二十八日には尊氏軍を京都より駆逐した。尊氏はそのまま敗走を続け、九州へと落ちていったのである。

こうした京都付近での戦いと連動し、常陸国内でも合戦が始まった。それが瓜連《うりづら》城（茨城県那珂市）をめぐる攻防戦である。久慈西郡瓜連は、かつて北条氏一族の瓜連（桜田）貞国が支配していたが、建武の新政によって楠木正成に与えられたとみられる。その久慈西郡の北に位置するのが陸奥国依上保《よりかみのほ》（茨城県大子町）であり、建武元年四月十六日、陸奥守北畠

竹ノ下古戦場跡◆このあたり一帯で戦いが繰り広げられた。敗れた後醍醐天皇方は窮地に追い込まれていくことになった　静岡県小山町

新田義貞画像◆上野国の御家人で、約150年続いた鎌倉幕府をわずか4日で滅亡に追い込んだことで名を馳せた　個人蔵

騎馬武者像◆初代将軍・尊氏肖像として知られてきたが、現在は諸説ある。高師直、その子師詮説などが出されているが確定していない　京都国立博物館蔵

佐竹氏の居城・太田城の調査区全景◆茨城県常陸太田市　写真提供：常陸太田市教育委員会

顕家は白河《しらかわ》結城《ゆうき》宗広《むねひろ》に、当地の年貢徴収権を委ねているように、まさしく陸奥将軍府（後述）管轄下の最南端地域であった。一方の瓜連は常陸国最北部の「都市」のひとつであり、八溝《やみぞ》山地《さんち》の山々を抜ける街道が、まさに関東平野に入らんとする交通の要衝《ようしょう》でもある。陸奥国と関東の円滑な交流のためにも、南朝方としてはどうしても死守すべき地域であった。

一方の北朝・足利氏方の佐竹貞義《さだよし》にとって、自身の本拠地・太田《おおた》（茨城県常陸太田市）とは目と鼻の先の瓜連が、後醍醐天皇方の支配拠点であることは脅威そのものであり、なにより、瓜連のある久慈西郡が佐竹氏本貫の地奥七郡の一画である以上、その奪還は先祖以来の悲願であった。

さて、楠木正成は瓜連の現地支配を楠木氏一族とみられる正家《まさいえ》に託した。他方、足利方では常陸国守護となった佐竹貞義が、麾下の武士たちに瓜連攻略の動員をかけたが、そのひとりが陸奥国岩城《いわき》郡の伊賀盛光《いがもりみつ》であった。盛光は建武二年十二月二十四日に貞義のもとに参じた。伊賀氏は常陸国伊佐《いさ》郡石原田《いしはらた》郷（茨城県筑西市石原田）の地頭職を有しており、貞義はこれを理由に守護として出陣を命じたわけである。

こうした佐竹勢の侵攻が迫る建武三年正月、楠木正家は瓜連城に入った。そして、同年二月になり、ついに佐竹勢の攻撃がはじまった。二月六日には佐竹貞義の子・義冬《よしふゆ》が討ち死にしている。緒戦は佐竹氏にとって不利な状況が続き、さらに佐竹氏一族の幸乙丸《こうおつまる》などは、同月二十五日に楠木方として瓜連城に入り、貞義と戦っているのである。佐竹氏一族は必ずしも一枚岩の団結ではなかった。

その後の数か月は、おそらく膠着《こうちゃく》状態で戦局の変化がなかったとみられる。しかし、同年七月になるとまた動きが出てくる。建武三年七月二十二日、伊賀盛光は再度、佐竹貞義の命を受けて常陸国に出陣し、武生城《たきゅう》（茨城県常陸太田市天下野町）に集合した。ここで瓜連

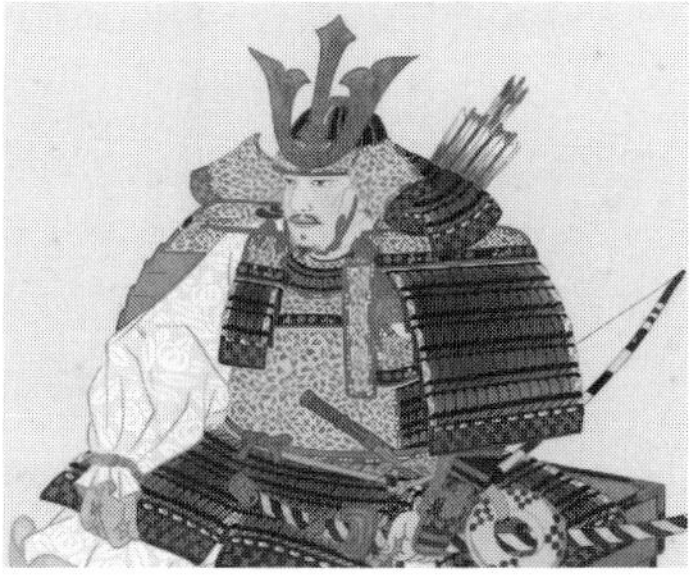

楠木正成像◆個人蔵

城攻略の軍議を開いたのだろう。盛光は貞義の麾下としてここを南下、久慈川の大方河原《おおかたかわら》、および花房山《はなぶさやま》（茨城県常陸太田市大方町・花房町）付近で、瓜連城支援に駆けつけた南朝方の小田治久、広橋経泰《ひろはしつねやす》と戦ったが、このときは小田・広橋勢に敗れたようだ。同年十二月二日に盛光は再び武生城に集結すると、今度は佐竹義篤《よしあつ》の麾下に入り、同月十日に岩出河原《いわでかわら》（同市岩手町）にて小田治久・広橋経泰らと戦い、今度は小田・広橋勢を破っている。佐竹勢がわざわざ武生城から南下するのは、あえて浅《あさ》川・山田《やまだ》川の渡河を避けたためであろう。

　この佐竹勢に対し、瓜連城を守る南朝方にとって、この両河川が防衛ラインであったらしい。盛光などの佐竹勢は、勢いに乗じてそのまま瓜連城をめざした。翌十一日、一年近く踏みとどまっていた瓜連城もついに落ちたのである。正家は脱出して河内国に戻ったといわれる。こうして、常陸国北部は足利方佐竹氏の支配するところとなった。

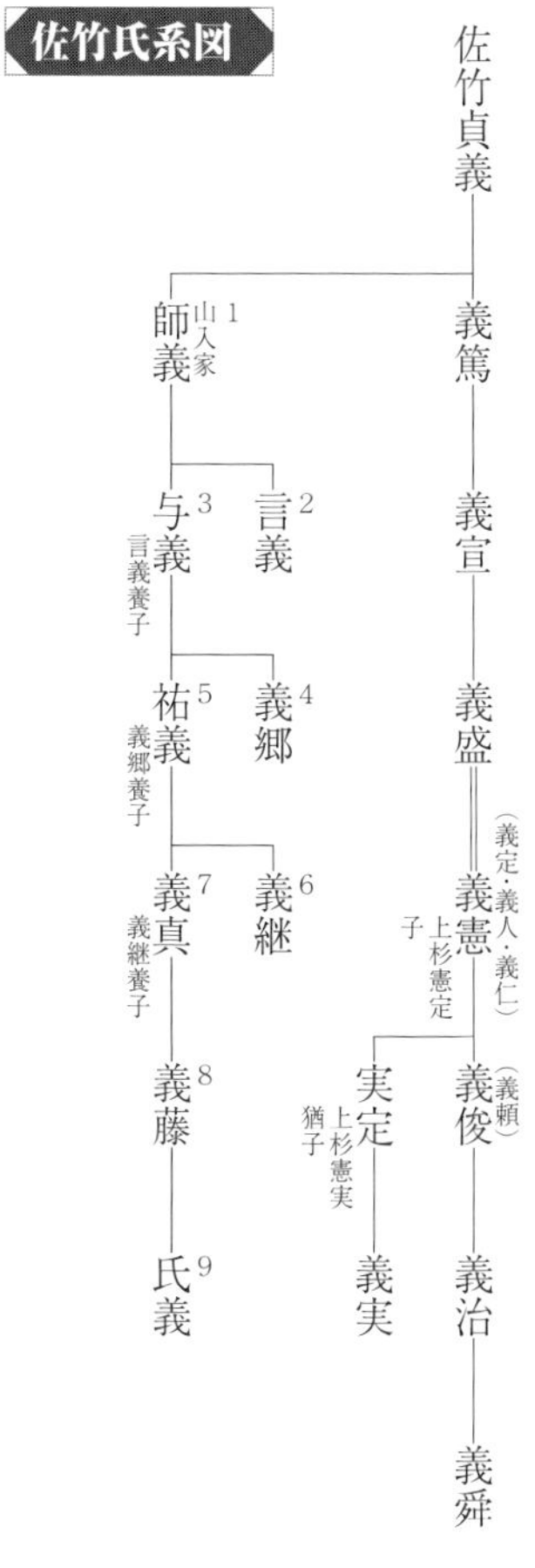

（右）瓜連城跡の土塁◆瓜連城は久慈川沿い低地の丘陵上に構え、北側は断崖で深い谷となる要害の地であった。今は常福寺や民家が立ち並ぶ。本丸・堀・土塁などの遺構が残っている　茨城県那珂市

武生城跡遠望◆武生山の南の標高約四〇〇メートルの地に三〇〇―四〇〇平方メートルほどの平坦部があり、麓城、竜ヶ井城とも呼ばれる。武生山は標高四六八メートルの山で、男体山の南東部にある　茨城県常陸太田市

北畠顕家の侵攻、管轄国である常陸にも戦線が拡大

足利尊氏の謀反は、後醍醐天皇の近臣たちに不安を与え、建武三年（一三三六）二月二十九日に延元《えんげん》に改元された。このころ、尊氏を九州に敗走させた北畠顕家は、延元元年（一三三六）二月からは陸奥守に加えて鎮守府大将軍《ちんじゅふたいしょうぐん》も兼務した。同年三月には、義良《のりよし》親王が陸奥大守《たいしゅ》に任ぜられ、陸奥国は大国《たいこく》となった。そのため、これまで陸奥守であった顕家は、陸奥大介《おおすけ》となり、官職としては、ひとつ降格した。もちろん、顕家の権威が下がったわけではなく、鎮守府大将軍兼陸奥大介として、今度は陸奥国だけでなく、新たに常陸国・下野国も管轄下に置いたのである。

さて、常陸国で瓜連城をめぐる攻防戦が展開していたころ、京都周辺では再び緊迫した状況になってきた。建武三年四月三日、一時は九州に落ちていた足利尊氏が博多《はかた》を発ち、再び京都に向けて進発したのである。そして五月二十五日、摂津《せっつ》国湊川《みなとがわ》（神戸市兵庫区）の戦いで後醍醐天皇方の楠木正成が討ち死にした。六月十四日、尊氏は持明院統の光厳上皇を奉じて京都に入った。このとき後醍醐天皇は比叡山に逃れ、両派は京都をめぐる攻防戦を展開した。同年八月十五日に尊氏の奉じた光明《こうみょう》天皇と和睦《わぼく》というかたちで尊氏との講和が成立した。尊氏は十一月七日に「建武式目《けんむしきもく》」を制定した。これは室町幕府の創立を意味した。

延元元年十二月二十一日、突如、後醍醐天皇は吉野《よしの》へ脱出すると、足利尊氏との講和は決裂し、ここで「一天両帝南北京《いってんりょうていなんぼくきょう》」と称される本格的な動乱へと突入していったのである。

こうしたなか、常陸国では、戦線が北部から南部、そして北下総に移行した。延元元年（建武三年、一三三六）十二月十日、つまり瓜連落城の前日、白河結城氏の軍勢が結城郡に浸入し、足利方の小山氏・茂木《もてぎ》氏と戦った。後醍醐天皇方としては、足利方が常陸国北部の瓜連

「桜井駅於テ農家楠公父子訣別図」
◆足利尊氏との戦いに際し、死を覚悟した楠木正成が摂津国桜井（大阪府島本町）にて十一歳の息子正行へ別れを告げた場面である
『国史画帖大和櫻』　当社蔵

城攻めに注意を向けている虚を突く算段とみられるが、これは失敗した。さらに、延元二年（建武四年、一三三七）二月二十一日、こんどは足利方の石塔義房《いしどうよしふさ》・相《そう》馬《ま》親胤《ちかたね》などが関郡に侵入する一方、瓜連城攻略を終えた伊賀盛光は小田城を攻めるべく南下した。このとき、小田治久は城より討って出ており、両者は府中に近い国府《こくふ》原《はら》（茨城県石岡市）で激突している。

前述のように、後醍醐天皇は東国の統治機関として、多賀国府（陸奥国府。宮城県多賀城市に旧在）を再編した北畠顕家の拠る陸奥将軍府と、足利直義の拠る鎌倉将軍府を設置した。しかし、朝廷が南北に分裂したため、前者は後醍醐天皇方の機関となり、尊氏は新たに斯波《しば》家長《いえなが》、次に石塔義房を奥州総大将に任じて北

北畠顕家画像◆烏帽子に狩衣、上腹巻、腰に太刀を佩き、右手に唐獅子牡丹の扇を持つ若き公家武将の姿。南朝方として大きな活躍をみせたが、21歳の若さで戦死してしまった　福島県伊達市・霊山神社蔵

霊山城復元鳥瞰図◆画：中西立太

陸奥将軍府の組織図

亀田俊和『征夷大将軍・護良親王』（戎光祥出版）より転載

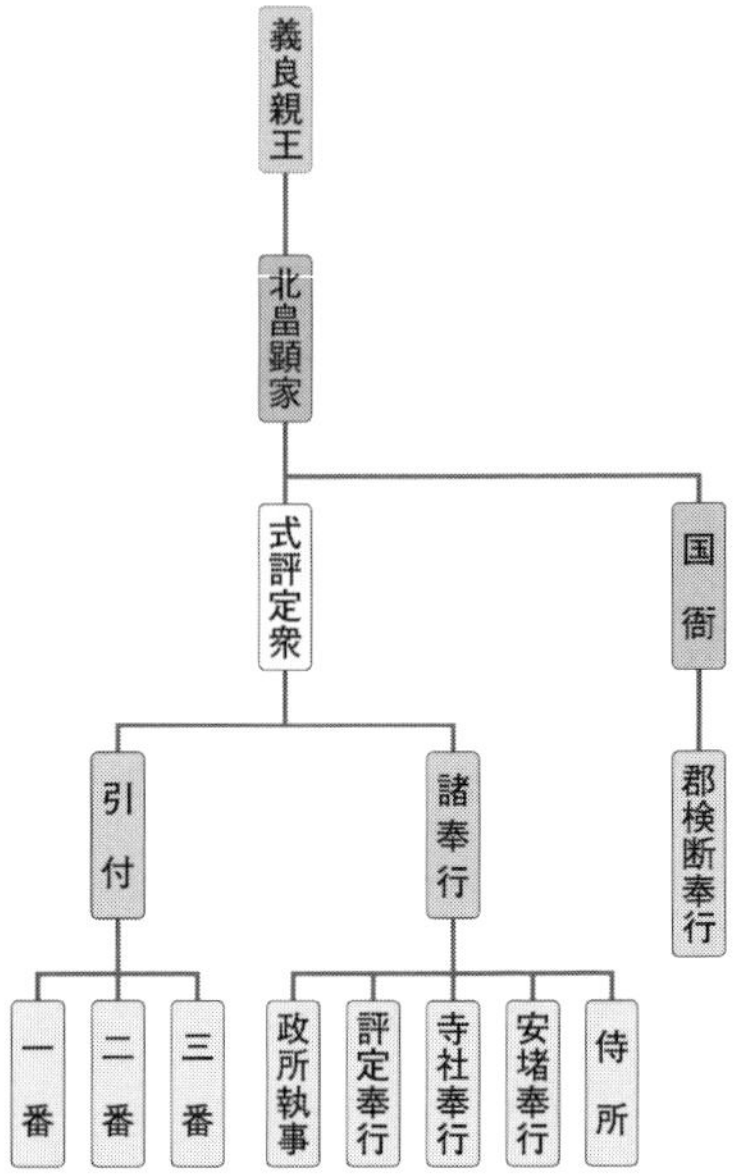

畠顕家に対抗させたのである。後者の鎌倉将軍府は尊氏の弟・直義が入っただけに、足利方のまさに東国の拠点となった。常陸や北下総は後醍醐天皇方、足利方という敵対する二大勢力にはさまれるかたちとなり、そのため激戦地となった。

陸奥将軍府の北畠顕家は、延元二年正月八日に、国庁を多賀国府から霊山《りょうぜん》城（福島県伊達市）に移した。霊山一帯が南朝としての新たな陸奥国府となったのである。これは管轄下の常陸国の瓜連城が足利方に攻略された以上、管轄地域の強化のため、国府、そして国庁自体も南に移す必要が生じたためであろう。

そして、同年八月十一日、顕家は二度目の西上を開始した。八月十九日には途中の小山城を攻略して小山朝氏《ともうじ》を捕らえるも、下野国で思わぬ長期在陣をしてしまい、利根川を渡ったのが十二月十三日であった。そして十二月二十三日に鎌倉に突入し、二十五日には鎌倉を守っていた斯波家長を自害に追い込んだ。

鎌倉で越年した顕家は、延元三年（暦応元年、一三三八）正月二日にここを進発して、東海道を西に進撃した。正月二十四日には美濃《みの》国の足近《あぢか》川（岐阜県羽島市）を越え、同国の赤《あか》坂《さか》・青墓《あおはか》（同大垣市）に着き、二十八日・二十九日には青野原《あおのはら》（大垣市）にて激戦の末、北

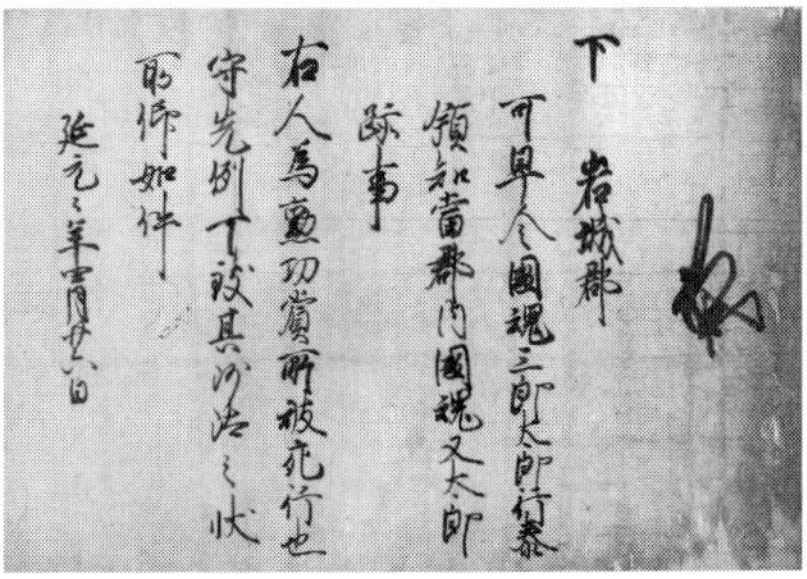
北畠顕家下文◆延元元年（一三三六）四月二十六日付けで、鎮守府将軍であった北畠顕家が國魂行泰の勲功に対し、國魂又太郎の遺領を安堵したものである「国魂文書」　福島県いわき市・大國魂神社蔵

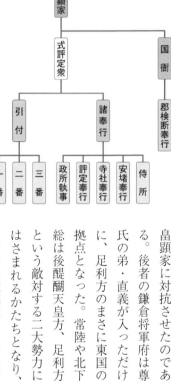

畿内要図
大島延次郎『北畠顕家』(戎光祥出版)より転載

朝方の土岐頼遠《ときよりとお》・上杉憲顕《うえすぎのりあき》・桃井直常《もものいただつね》を破った。しかし、顕家は数多の合戦と長旅の疲れから、これ以上、新手の北朝方と戦えないと判断し、そのまま京都をめざさず、進路を南にとって伊勢国に入った。ここは北畠氏が支配した本貫の地であった。しかし、二月十四日には雲出川《くもず》（三重県伊勢市）、二月十六日には櫛田川《くしだ》（伊勢市）で北朝方と戦い、さらに西をめざして二月二十一日には奈良に入った。以後、山城・摂津などの諸国を転戦したが、同年五月二十二日に和泉国石《いし》津浜《づはま》（大阪府堺市）で高師直《もろなお》と戦い討ち死にした。

顕家の二度にわたる西上は、結局のところ京都の奪還までには至らなかった。しかし、短期間に二度までも大軍を動かせたという実績は、南朝方に大きな希望となった。ここに、顕家の父・親房《ちかふさ》の東国経営のきっかけができたのである。

北畠顕家墓所◆北畠親房の長男。建武の新政下、十六歳で陸奥守となる。鎮守府将軍となって足利尊氏を九州に敗走させた。建武五年（延元三、一三三八）五月二十二日、高師直軍に敗れ、和泉石津で戦死。最後の出陣前に「顕家諫奏」を後醍醐天皇に上呈した　大阪府堺市

南朝の重鎮・北畠親房が常陸へ入り東国経営の拠点に

北畠顕家の討ち死には、南朝方にとって大きな痛手であった。すでに延元元年（建武三年、一三三六）五月段階で楠木正成・名和長年《なわながとし》を失い、さらに同年閏七月二日には新田義貞が北陸で討ち死にした。つまり、南朝方は足利尊氏の謀反から短期間のうちに、主だった武将をほとんど失ったのである。しかし、残された重鎮の北畠親房は諦めなかった。息子顕家による大軍を擁しての二度にわたる西上は、親房に陸奥国の持つ軍事的潜在能力への期待をおおいに掻き立てた。この発想には、顕家とともに親房自身も多賀国府に赴いた経験も反映されているのだろう。親房自らも陸奥国に赴き三度目の大軍を動員して、今度こそ京都を奪還しようと計画したわけである。

そして延元三年（一三三八）九月、親房は義良《のりよし》親王（のちの後村上《ごむらかみ》天皇）・宗良《むねよし》親王を奉じ、これに次子の北畠顕信《あきのぶ》、さらに伊達《だて》行朝《ゆきとも》・白河結城宗広などをともない、伊勢国大湊《おおみなと》（三重県伊勢市大湊町）から船団を仕立て、陸奥国をめざして出帆した。ところが、遠州灘《えんしゅうなだ》付近で暴風雨に遭い、船団は散り散りとなった。義良親王・結城宗広・北畠顕信は伊勢国に吹き戻され、宗良親王は遠江国に流れ着いた。他の多くの船は相模国から安房国あたりに漂着した。そしてかなりの者が北朝方に捕らえられ、なかには殺害された者もいた。そのなかで親房だけは常陸国にたどり着いたのである。

しかし、漂着にしては、間を置かず東条《とうじょう》氏や小田氏（そのあとは関氏や下妻氏）にも迎えられている。また、親房を攻めた佐竹氏などの迎撃態勢も素早い。親房にとって常陸国は第一の上陸予定地ではないにせよ、第二候補地くらいの比重を持ち、その行動は敵にさえ上陸地点を特定されていたとも受け取れるのである。

延元三年（暦応元年）九月中旬の親房による常陸来国から、興国《こうこく》四年（康永《こうえい》二年、一三四三）十一月に関城を脱出して吉野に戻るまで、親房を中心とする南朝方と、高師冬《もろふゆ》を中心とする北朝方の戦いをとくに常陸合戦と称している。

南北朝・室町時代の茨城県

『図説 鹿嶋市の歴史』中世・近世編掲載の図をもとに作成

右ページ（右）現在の大湊◆伊勢大神宮の外港としての機能と役割が大湊発展の基礎となり、中世後期には伊勢信仰の普及につれて繁栄した
（左）義良親王御乗船地の碑◆共に三重県伊勢市

北畠親房画像◆北畠顕家の父。後醍醐天皇に信任され世良親王を養育するが、親王の死去で出家した。建武の新政で再出仕し、後醍醐天皇死後は南朝の中枢として勢力回復につくす。南朝の正統性を主張した「神皇正統記」は後世ひろくよまれた　茨城県立歴史館蔵

二　親房が拠る神宮寺城・阿波崎城の戦いと地元に残る逸話

さて、東条荘に上陸した親房は地元の東条氏に迎えられ、まずは神宮寺城《じんぐうじ》（茨城県稲敷市神宮寺）に入った。ここから白河結城親朝《ちかとも》（宗広の子）に、遭難して常陸に着いたことや義良親王の消息をたずねている。親房は、新たな陸奥国府となった霊山に入る算段を考えていたのだろう。しかし、かたちとしては常陸国への遭難による上陸であった。それでも、常陸国は下野国とともに陸奥将軍府の管轄下に入ったため、当初の目的は不本意ながらも半分は達成したことになる。

一方、親房の常陸来国の報はただちに北朝方の知るところとなり、佐竹義篤は一族の佐竹小場《おば》義春《よしはる》、および被官小野崎《おのざき》次郎《じろう》左衛門尉《さえもんのじょう》・二方《ふたかた》七郎《しちろう》左衛門尉《さえもんのじょう》を派遣し、その麾下に東条荘から近い鹿島郡の鹿島氏一族を入れた。そのうち、惣領鹿島幹寛《もとひろ》に従った烟田時幹《かまたときもと》の軍《ぐん》忠状《ちゅうじょう》にこのときのありさまが記されている。

ついで、親房が拠った阿波崎城《あばさき》（茨城県稲敷市阿波崎）も佐竹勢に攻略されるに至った。東条氏は南朝に期待するものがあり、親房を二つの城に迎えたとみられる。しかし、東条氏は自身の本拠地・東条城を提供したわけでなく、二つの城とも北朝方と対抗するには防備面で急ごしらえの観は免れなかったのだろう。親房としても陸奥国の親朝と連携を図るには、東条荘では不適当と判断したようだ。半月も経たないなかで脱出して、十月には霞ケ浦経由で小田城に移ったのである。

この二城の攻防戦に関して、地元には次のような逸話が残る。阿波崎城が落ちたとき、近郷の名主たちは親房に協力した咎《とが》により北朝方の佐竹勢に捕らえられ、十三名が斬首に処せられた。たまたま外出中だった阿波崎村名主の根本《ねもと》六左衛門《ろくざえもん》は、自分だけ免れたことを潔し

とせず、すでに引き上げようとしていた佐竹勢を「ホーイ、ホーイ」と呼び止め、進んで斬首されたという。地元に残る十三塚《じゅうさんづか》は十三人の名主を、ホイホイ地蔵は六左衛門を供養するためにつくられたという。

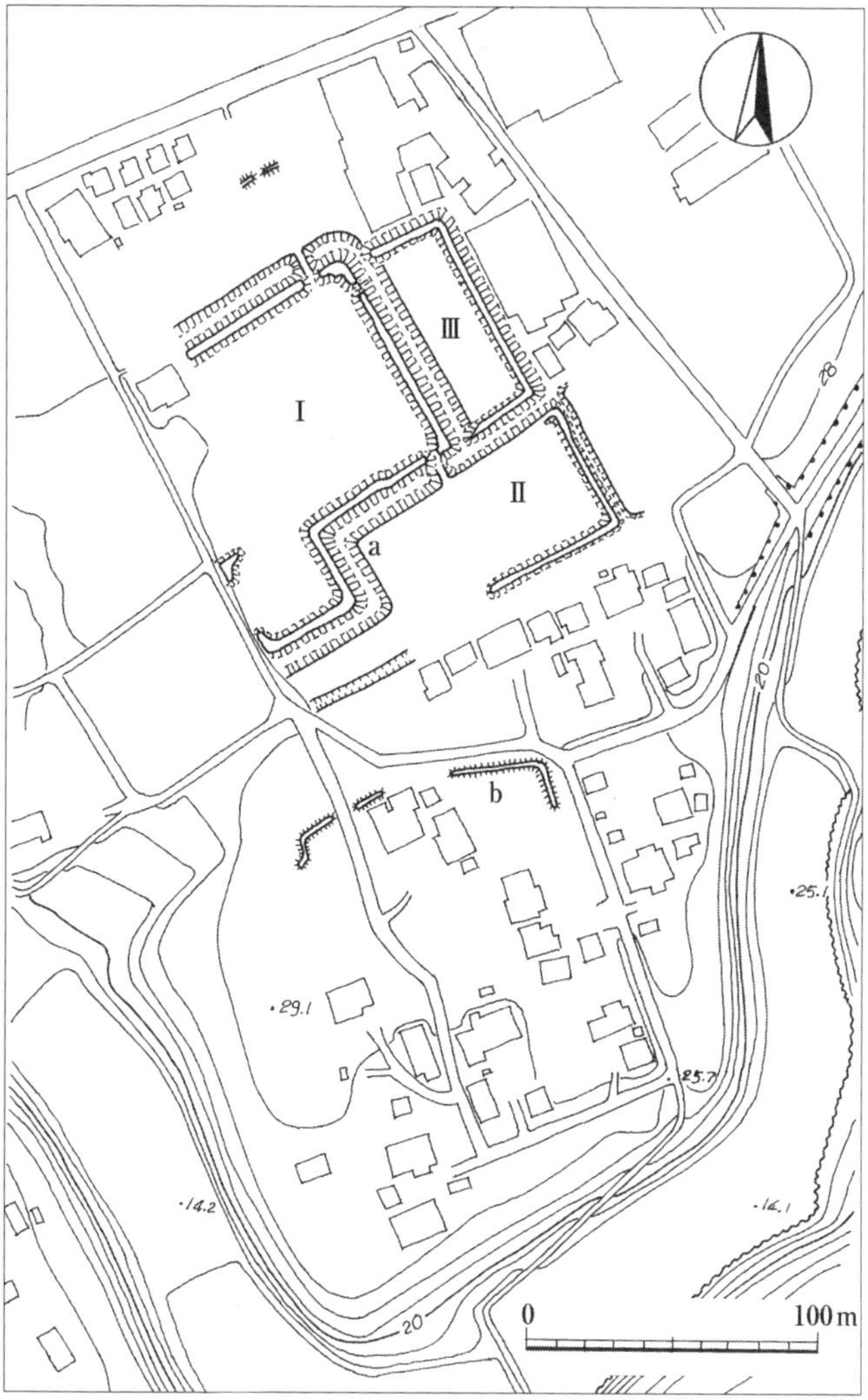

神宮寺城縄張図　作図：西山洋氏

ホイホイ地蔵◆茨城県稲敷市

右ページ（右）神宮寺城跡◆本丸跡・外堀跡・土塁が残っている。城跡の北寄りには、南朝方について処刑された地元の有力者十三名の墓と伝える十三塚もある（左）阿波崎城跡◆城跡には天満宮が鎮座し、丘陵の麓には窓口から敵状を望みみたというのぞこみ堂跡がある　共に茨城県稲敷市

高師冬率いる足利方の主力が関東へ。小山氏等は旗幟を示さず

さて、北畠親房は小田入城直後から積極的に白河結城親朝宛てに書状を送っている。延元三年（暦応元年、一三三八）十一月六日の書状では、「親房自身が奥州に下向して、奥州武士を糾合して、南朝方に付けたいが、佐竹・常陸大掾《だいじょう》両氏が北朝方に与《くみ》し、また奥州路には宇都宮《うつのみや》・那須《なす》両氏が勢力を伸ばしている状況ゆえに、移動もままならない」、と嘆いている。親房の経略のなかに陸奥国へ直接向かう内容が含まれる点は、やはり常陸国では自身の目的が十分に達成できるとは思っていないのである。

同年十一月二十六日とみられる親房御教書《みぎょうしょ》で、まず小田・伊佐・関の諸氏の忠節を記している。小田城攻防戦の初期から、伊佐城・関城など、のちに「官軍所保六城」と『大日本史』に述べられた常陸国西部から下野国南東部にかけての城の兵が、親房と連携を図って北朝方と戦っていたことがわかる。さらに、義良親王が東宮《とうぐう》（皇太子）になったことにも触れている。このことは、後醍醐天皇の容態が芳しくなかったこととともに、かつて陸奥大守として陸奥国にあり、親朝とも面識のある義良親王が、次の天皇になりそうだ、ということを述べて、白河結城親朝の出兵への意欲を高めようとしている。

年が変わり、延元四年（暦応二年、一三三九）二月十二日、宇都宮氏・那須氏などを討伐して、奥州道の通りを改善し、東海道以下の北朝方を退治するときは重ねて申し出てほしい旨を白河結城親朝に述べている。また、親房と行動をともにする春日顕国《かすがあきくに》は八木岡《やぎおか》・益子《ましこ》・上三川《かみのかわ》・箕輪《みのわ》など下野国内の諸城を落とし、近接の常陸国中郡荘では中郡城の攻撃を指揮している。下野国南東部に南朝方の拠点が創出されるのは、こうした顕国の活動の結果ともいえる。

さらに、白河結城親朝も無視を決め込んでいたわけではない。七月二十六・二十七日の両日、

伊佐城跡◆写真の五行川西岸に築かれた城郭で、北朝方との戦いで落城し、廃城となった　茨城県筑西市

（左）常州小田古城跡地理図◆宝暦十一年（一七六二）のものだが、小田城のみならず桜川や宝篋山、移転した寺社も描かれており、小田にかかわるさまざまな情報がこの絵図にもりこまれている　常総市教育委員会蔵

親朝は親房の指示に従い、陸奥国高野郡長福楯《ちょうふくたて》の北朝方を降している。依上保・高野郡など陸奥国の南部地域が親朝の勢力下にあり、下野国東部から常陸国西部の南朝との連携も強化されそうな情勢になってきた。

こうして、常陸国西部から陸奥国への通路が結ばれそうな気配がみえてきたころ、つまり暦応二年（延元四年）四月六日、ついに京都では、足利尊氏の命を受けた高師冬《こうのもろふゆ》軍が出発した。足利方の主力が常陸国に向かってくるのである。師冬は、まず鎌倉に入り軍勢を整えると、同年八月二十日に鎌倉を発った。そして軍勢は北に向かい、同年九月八日に武蔵国村岡《むらおか》（埼玉県熊谷市）に入り、同年十月三日には軍の一部が下総国を経て常陸国に侵攻した。その最初の攻撃目標が下妻荘内の駒《こま》城（茨城県下妻市黒駒）であった。

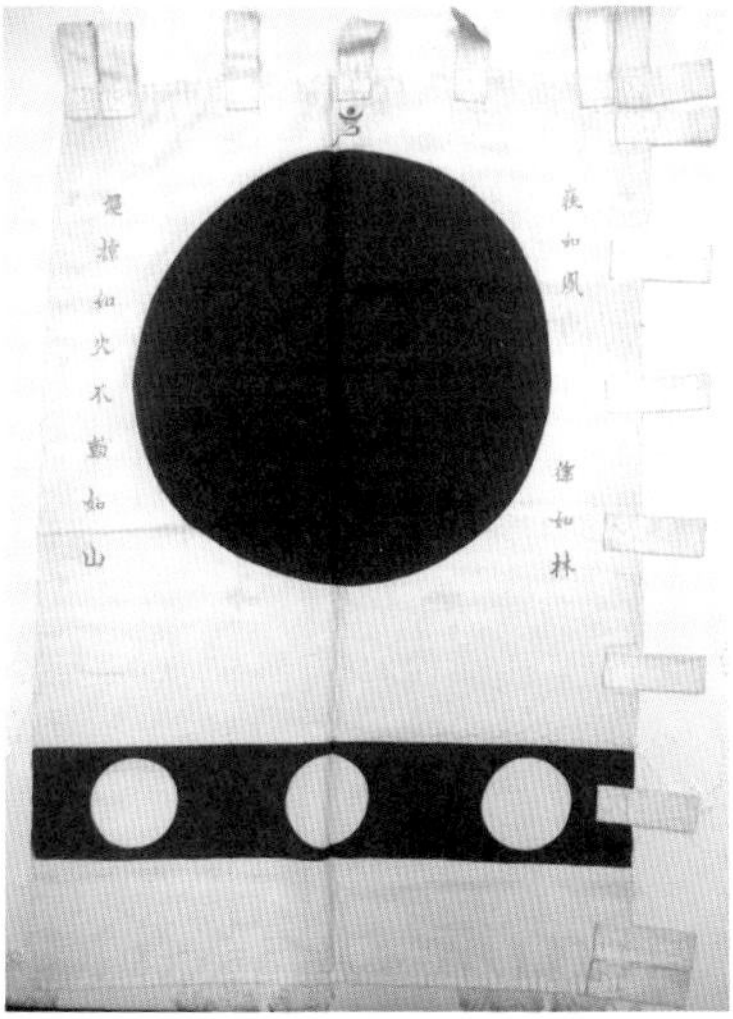

北畠親房の軍旗◆大阪市阿倍野区・阿部野神社蔵

ただし、攻める師冬方にも問題があった。それは、足利兄弟の対立が師冬の軍事行動の足かせになっていたのである。室町幕府の初期体制は、尊氏・直義

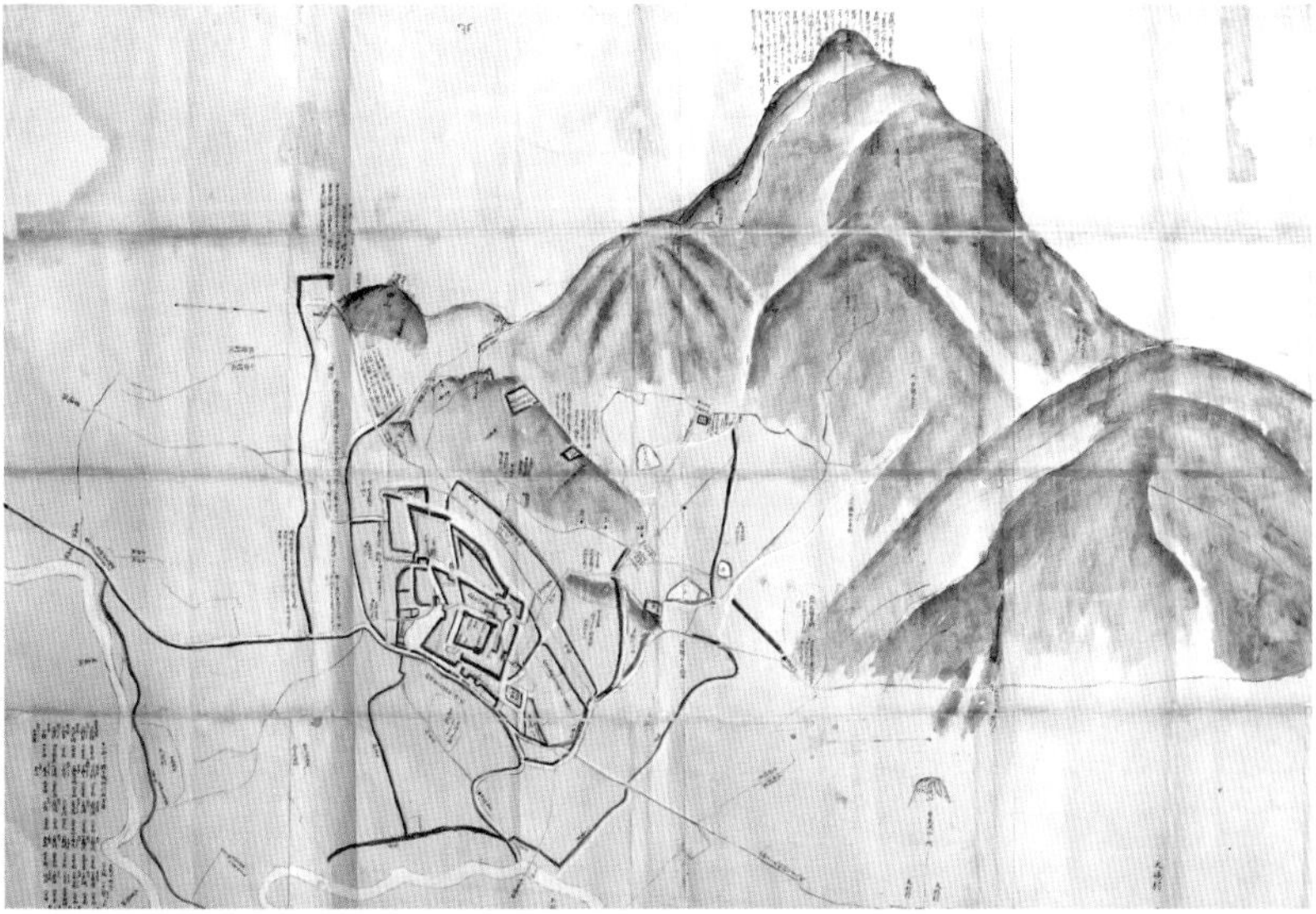

『英雄百首』に描かれた足利直義◆当社蔵

兄弟が車の両輪のごとく政治を推進した。兄の尊氏は武士に対する指揮権や恩賞権など武士の主従関係の管理を担当した。一方、弟の直義は領地をめぐる訴訟や安堵などの裁定や司法・行政に関する分野を担当した。

さらに直義は、鎌倉幕府滅亡直後に後醍醐天皇の命で鎌倉に下り、成良《なりよし》親王を奉じて自身は執権として政務を担当していたこともある（鎌倉将軍府）。これは鎌倉幕府の滅亡にともなう関東の混乱を整えるためであり、その政務の過程で関東の武士たちとは深い絆で結ばれていった。直義は個人の性格もあるが、鎌倉幕府的伝統を引き継ぐ保守的な立場をとった。

一方、高師直は足利尊氏の執事として絶大な信頼のもとにあった。師直はこの時代の風潮ともいえる典型的なバサラであった。つまり、伝統の破壊者であった。その師直の従兄弟である高師冬が、親房討伐の中心として常陸国に派遣されたのである。当然ながら関東の直義派は、師直一族の師冬に対して非協力的な傾向にあった。常陸合戦で、より積極的に師冬の軍勢催促に応えたのは、鹿島氏本家と一族（烟田氏）、佐竹氏の麾下に入った陸奥国岩城郡の伊賀氏、それに北下総の結城氏など意外なほど少ない。佐竹氏は、神宮寺城・阿波崎城攻略までは守護職として積極的に出兵したが、高師冬軍が常陸国に入ると、突然、その動向が不明瞭となる。佐竹義篤が積極的に駒城、あるいは続く小田城・関城・大宝《だいほう》城を攻略した気配はない。また、石塔義房は稀な足利氏一族の参加者であり、ほかでは高師直が武蔵守を勤

金子一族の墓◆金子氏は武蔵七党の村山党に属し、白旗一揆を形成する一族のひとつであった　埼玉県入間市・瑞泉院

左ページ（右）祇園城の堀切と祇園橋（左）小山氏歴代の墓◆小山氏の居城・祇園城の北側に位置する天翁院にある　共に栃木県小山市

めた関係上、武蔵国の白旗一揆《しらはたいっき》という武士団（別府《べっぷ》氏・山内《やまのうち》氏・小見野《おみの》氏など）、および下野国の島津《しまづ》氏などが加わった程度である。いずれも中小規模の武士の家である。

そうしたなかで、常陸合戦不参加の代表格は、下野国守護の小山朝郷《ともさと》であろう。基本的には足利方でありながら、かつて北畠顕家に降伏した経緯もあるのか、その父・親房を攻めるため、間近にいながら常陸国へ入る様子もなかった。伝統的豪族層のプライドとして、足利氏執事の高氏一族の指揮下に入ることを拒否したともいえる。もちろん、親房にも加勢することはなく、その点では親房を苛つかせた。それでも見方をかえれば、長期にわたり、常陸・南下野の南朝方が踏ん張れたのは、朝郷のこうした曖昧な態度が、結果と幸いしてしまったからだともいえる。

ただし、小山氏内部ではこのような朝郷と、明確に足利方を表明した弟の氏政《うじまさ》との間に確執が生じており、貞和二年（興国七年、一三四六）に朝郷が没すると、小山氏は氏政が継ぎ、真の足利方として行動していくこととなる。

結城氏・小山氏略系図

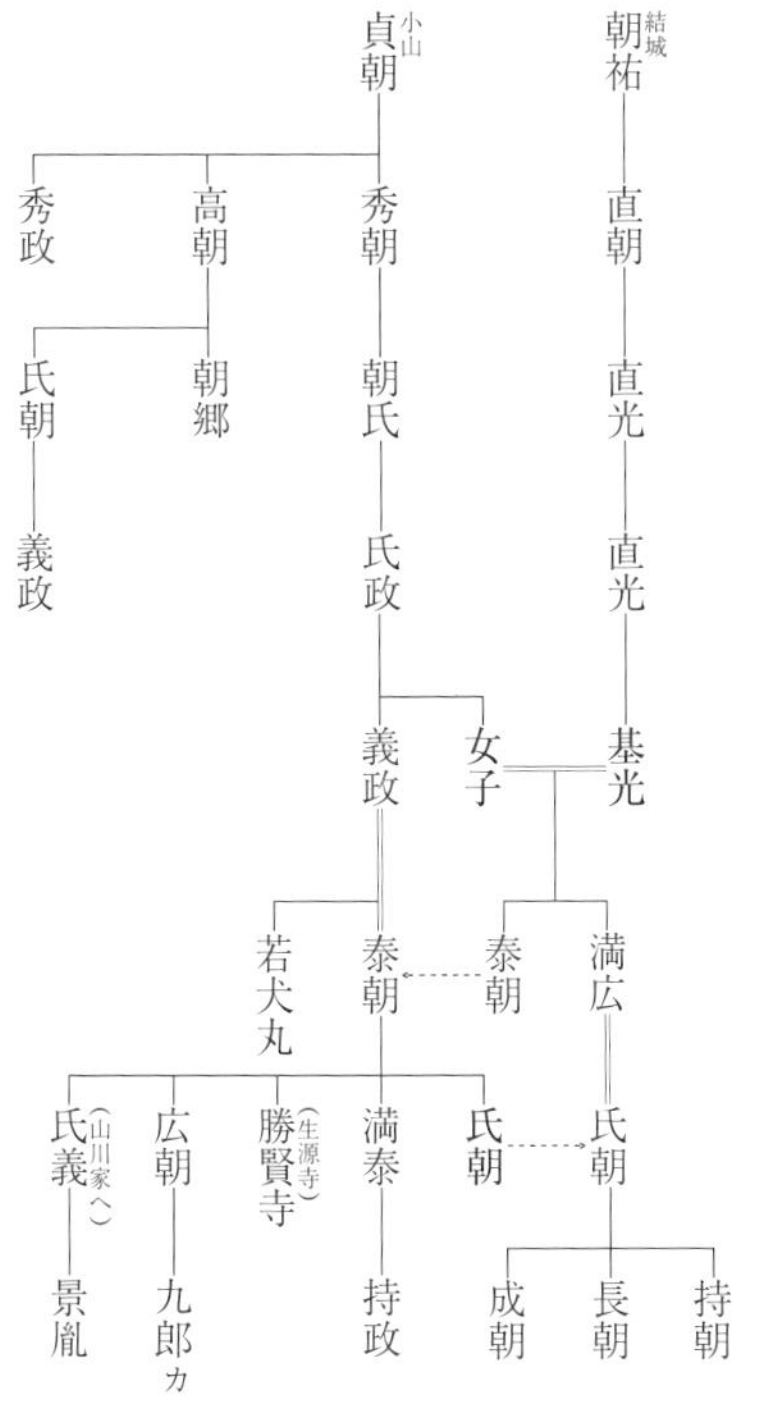

攻めるも守るも命がけだった駒城の激戦と中小武士の悲哀

高師冬としては、身近にいながらほとんどあてにならない小山氏に苛立ちながらも、ともかく動員できる精一杯の軍勢をもって、親房を攻めたといっても過言ではなかった。その師冬軍のなかの矢部《やべ》定藤《さだふじ》（相模国の国人領主）の軍忠状によると、暦応二年（延元四年、一三三九）十月二十二日、定藤はまず結城郡の並木渡《なみきのわたし》（茨城県結城市）へ出撃し、翌二十三日は鬼怒《きぬ》川の折立渡《おったてのわたし》（茨城県結城市上山川字追立）を渡って、対岸の関郡関本《せきもと》（茨城県筑西市関本）付近にて駒城（茨城県下妻市黒駒）より出撃してきた南朝方の軍勢を追い散らし、周辺の民家を焼き払った。

同年十月二十五日、師冬軍は駒城本体に攻撃をしかけた。同月二十六日夜、師冬方の矢部定藤は駒城攻めに際して、城の向かい側に攻撃用の矢倉《やぐら》を構えた。この矢倉は駒城攻略の要であり、十一月八日には、ここから城の壁を破壊するに至った。しかし、これが決定打にはならず、同月二十九日には駒城方も出撃して師冬軍を翻弄した。定藤も長男・左衛門尉《さえもんのじょう》が討ち死に覚悟でこれを追い戻している。このように、攻める師冬軍にとっても決して楽な戦いではなかったのである。

そうした状況を如実に示すのが、山内経之《つねゆき》という武蔵国多西郡土渕《たさいぐんつちぶち》郷（東京都日野市日野付近）に拠点を持つ国人領主の書状（手紙）である。経之は高師冬軍に従って駒城攻めに参加した。そして、軍勢の進撃する各地から郷里の息子に宛てて書状を送っている。

それによると、経之は駒城近くに軍を進めていた暦応二年十月には、すでに逃亡する家来も現れ、馬や馬具までも不足するありさまであった。十一月の駒城周辺での合戦になると、死者・負傷者が続出するなか、自身は馬や兜《かぶと》さえ他人のものを借りなければ戦えない状況

駒城跡◆南北朝時代に築かれ、南朝方の中御門実寛が在城した。史料では「駒楯」と出てくることから、城というより館であったともいわれる　茨城県下妻市

左ページ（右）高幡不動胎内文書のうち山内経之の書状（左）本尊・不動三尊像◆共に東京都日野市・金剛寺蔵

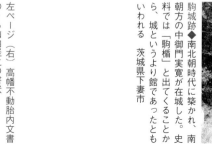

となった。そして寒さの募る十二月には、ともかくも我が身の無事を息子に伝えるとともに、年の瀬も押し詰まるなか、軍費をやり繰りしてくれる妻、そして留守宅の家計を心配している。経之をはじめ、武士は身を賭しても戦功をあげ、武勲をたて恩賞にあずかるしか生きる道はなかった。それが自身の家を護る唯一の手だてであった。しかし、一国の守護でもない各地の中小武士にとって、自弁で軍装を整え、長い間郷里を空け、見知らぬ土地で戦うのは大変な労苦をともなうのが実情なのである。

こうして書状を出してきた経之は、おそらく暦応二年から翌年早々にかけての駒城攻防戦のなかで、討ち死にしたとみられる。その報を受けた郷里武蔵国の家族は、届けられた手紙にさまざまな仏の絵を摺りこみ、近くの金剛寺《こんごうじ》（高幡不動《たかはたふどう》）の本尊の不動明王像《ふどうみょうおうぞう》内に納め、供養としたのである。こうして、軍忠状には載らない中小武士の悲哀が残され、生々しい状況を我々に切々と語りかけるのである。

さて、一方の駒城を守る南朝方では、興国元年（暦応三年、一三四〇）正月早々、関宗祐《むねすけ》が攻勢に出た。同年正月十一日、宗祐は並木渡に陣を構えた。これは武蔵方面から搬入される師冬軍の糧道《りょうどう》（食料を運ぶ道筋）を断つ作戦である。遠征している師冬軍に対して、この作戦は効果的であったらしい。先述した山内経之なども、こうした南朝方の糧道遮断作戦に巻き込まれていたとみられる。

それでも師冬軍では、同年二月二十八日に、陸奥国の伊賀盛光の代官・細野《ほその》政《まさ》義《よし》が加わり、改めて駒城を攻めた。このころより、師冬軍の攻勢が本格化したのであろう。同年五月二十六日、駒城の壁際で合戦があり、翌二十七日、ついに駒城は落ち、大将の中御門《なかみかど》実寛《さねひろ》は捕らえられた。

しかし、同月二十八日と二十九日、早くも南朝方は反撃に転じている。まず

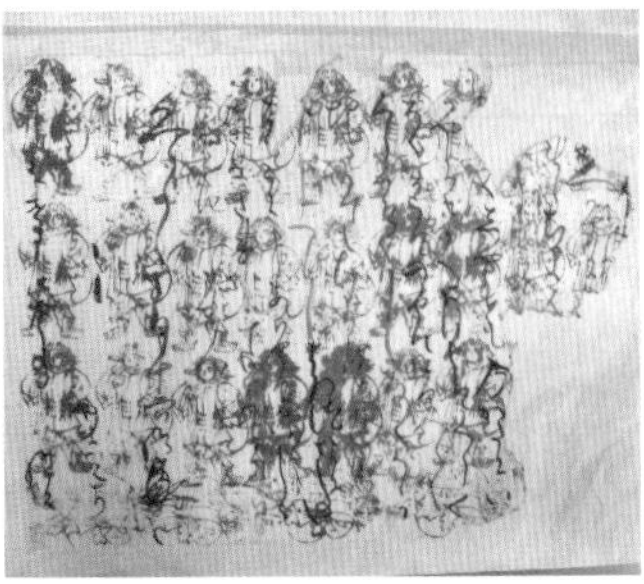

二十八日には八丁目《はっちょうめ》・垣本《かきもと》・鷲宮《わしのみや》・善光寺山《ぜんこうじやま》（茨城県八千代町、結城市）などの諸城を落とした。さらに二十九日は飯沼楯《いいぬまたて》を落としたことにより、師冬は駒城を放棄して撤収したのである。その後、駒城攻防戦の史料はほとんどなくなる。同年八月十九日、鎌倉・鶴岡八幡宮で駒城落城の祈願が行われているため、このころまでは持ちこたえていたのだろう。そして、結果として、駒城は足利方に落とされたとみられる。

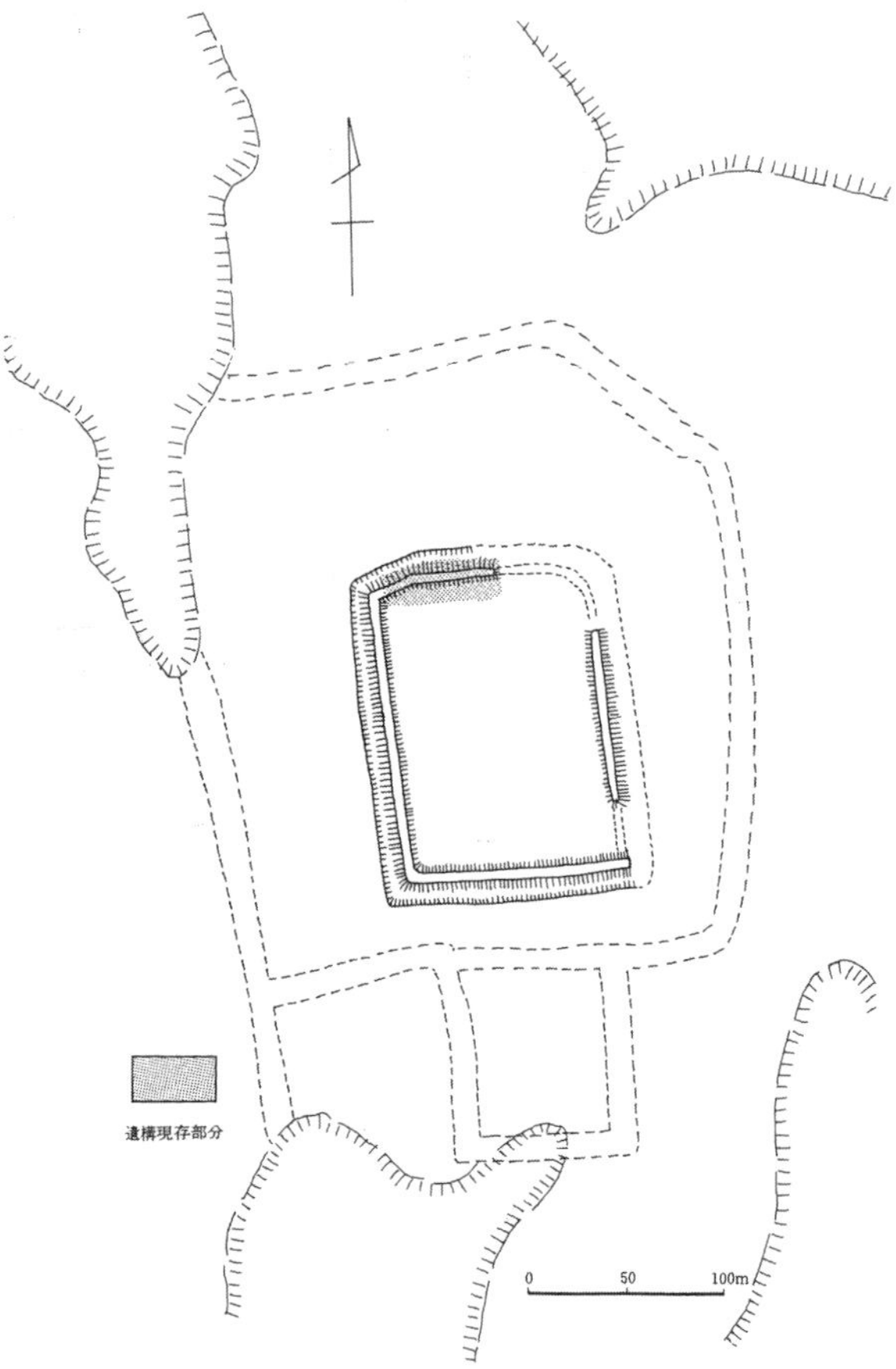

駒城復元想定図◆作成：市村高男氏　図版提供：筑西市教育委員会

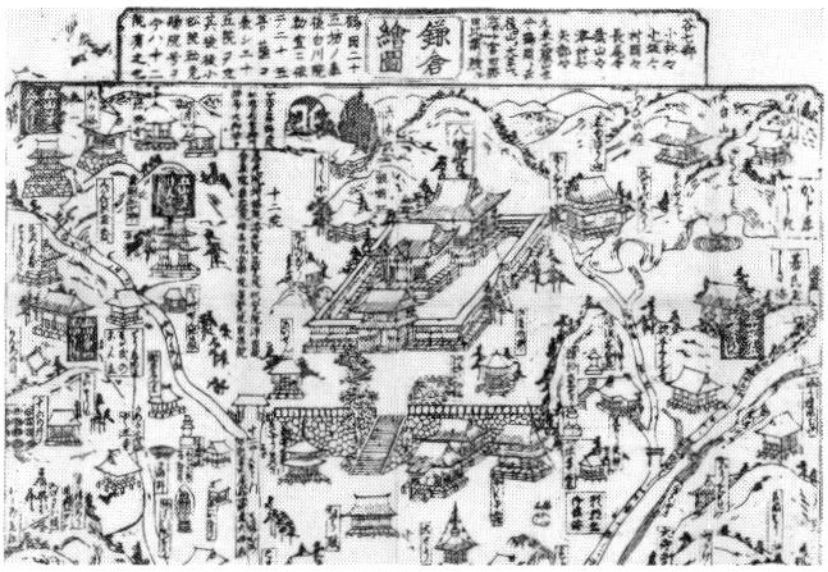
鎌倉絵図（部分）◆江戸時代に鎌倉を訪れる旅人に頒布された史跡巡りの古絵図。掲載部分は駒城落城の祈願が行われた鶴岡八幡宮の箇所である　個人蔵

興良親王が小田城に入るも、寝返り相次ぐ南朝方の諸士

高師冬は駒城から小田城へ直進せず、いったんは宇都宮に廻ると、そこを経て瓜連城に入った。白河結城親朝への牽制の意味もあろう。常陸国に食い込むように位置する陸奥国依上保は親朝が治めていた。師冬にとって、この時期の親朝は、いつ北畠親房の要請により常陸国に攻め込み師冬軍の背後を突くか、予断を許さない存在のはずである。駒城陥落は親朝南下の契機になるかもしれない。そのため、かつて佐竹貞義・義篤が楠木正家より奪取し、かつ依上保にも睨みを効かせやすい瓜連城こそ、常陸国における足利方の拠点とみられる。

ここで、師冬は小田城攻めの軍勢を整えた。暦応四年（興国二年、一三四一）五月九日、師冬軍の別府幸実《ゆきざね》が瓜連を発ち、小田城に向かった。師冬自身もこのころ、小田城に向かったはずである。師冬軍は途中、小鶴荘《こつるのしょう》垂柳《たりやなぎ》に寄り、さらに南下して、同年六月十三日には大掾高幹《たかもと》・税所幹治《さいしょもとはる》に命じて、南朝方の志筑《しづき》城（茨城県かすみがうら市）を落とし、翌十四日には小田城の間近にあたる方穂荘《かたほのしょう》（同土浦市北西部）に入った。

翌日、つまり暦応四年六月十五日、師冬軍は小田城の北側、宝篋山《ほうきょうさん》の山頂を攻略し、翌十六日には、これを奪おうとする小田方の軍を撃退している。宝篋山は小田山とも呼ばれ、筑波山に連なる山である。この山頂からは小田城内を眼下に臨むことができ、これで師冬は小田方の動向を的確に掴むことができた。小田治久にとっては、開戦早々に喉もとに刃を押しつけら

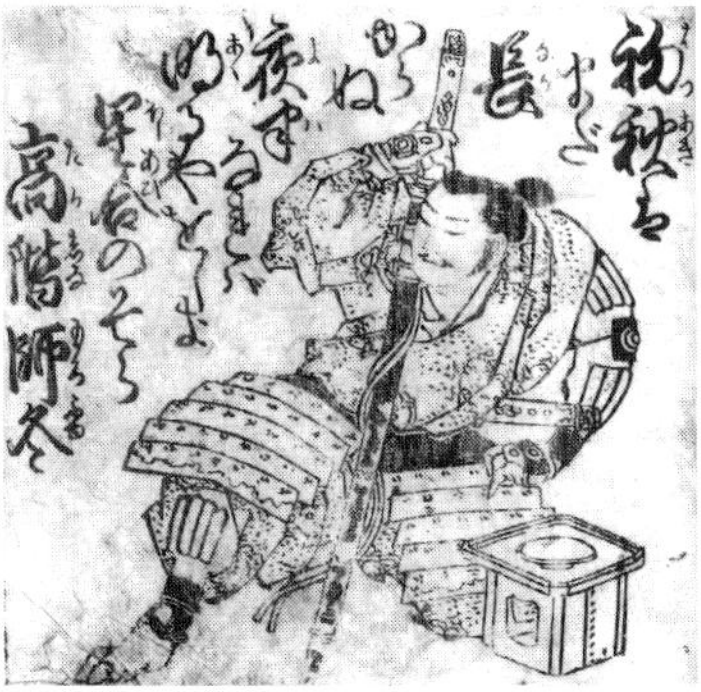

『続英雄百首』に描かれた高師冬◆当社蔵

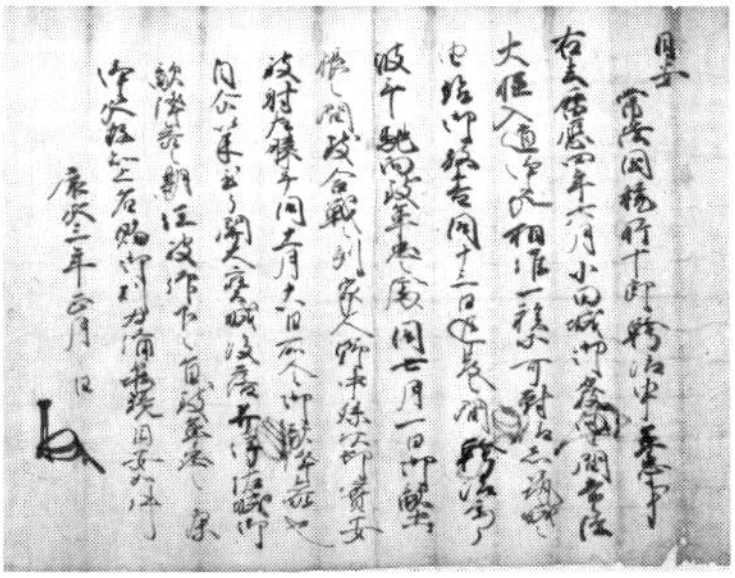

税所幹治軍忠状◆税所氏はもともと常陸国衙の在庁官人だが、武士化した一族である　茨城県立歴史館寄託

れたかたちになった。それでも、治久は果敢に城外に討って出た。同年七月には、小田城とは桜川を挟んで対岸に位置する若森《わかもり》・玉取《たまとり》（茨城県つくば市）にて、師冬軍と戦っている。

一方、小田城攻防戦は、信太荘・東条荘方面にも波及している。信太荘はかつて小田氏の旧領、そして鎌倉時代は北条氏領となっており、小田氏方の勢力、あるいは南朝方に与した北条氏残党がいた可能性がある。東条荘は親房を迎えた東条氏の拠点がある。いわば小田城を南東方面から支援できる地域とみられる。そこで、高師冬はこの地域を攻略するために別府幸実を遣わした。同年七月十七日、実幸は相模国の国人領主・屋代信経《やしろのぶつね》とともに、まず信太荘佐倉《さくら》郷（茨城県稲敷市佐倉）の佐倉楯を落とすと、その日のうちに「伊佐津海《いさつのうみ》」を渡って東条荘に進撃して、東条城・亀谷城を落とした。そして同月二十三日に高井《たかい》城（同土浦市上高津）を攻めてこれを焼き払っている。

これらの諸城は、あっけなく落城した。実はこのころ、東条氏などは足利方に寝返る意志が出ていたが、これは決して東条氏だけの傾向ではなく、小田氏内部にも起きていたのである。すでに師冬が瓜連を出陣した五月ころから、小田城内では、あくまで南朝・親房を支援することでこれまでの旧領の返還を目指す一派、それに対し、南朝方に与して小田氏の立場が危うくなることを怖れる一派との反目がはじまっていた。

そうした反目のなか、同年八月になると小田城には吉野から興良《おきよし》親王（後醍醐天皇の皇孫、護良親王の皇子）が入った。親王を奉ずることで小田城は「御所」となり、小田城内はもとより、周囲の南朝方の士気も高まると思われた。しかし、現実に反目は月日を追うごとに深刻になり、同年十月頃になると、小田城から離脱して足利方に寝返る者が続出してしまったのである。そのためにも、白河結城親朝の軍勢派遣は、親房にとって、もはや待ったなしの事態となった。

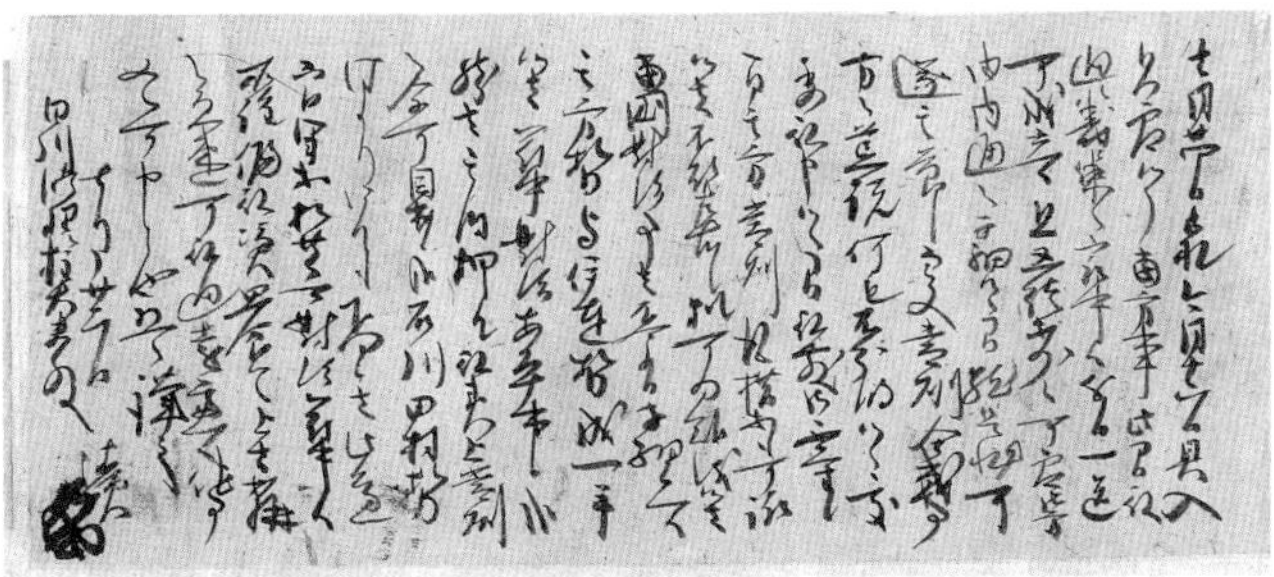

五辻清顕書状◆北畠顕信の家臣である五辻清顕が結城親朝に出した文書。親房が拠る常陸の状況を憂いている。また、結城・伊達が手を組めば、国府奪還もたやすいだろうとも述べている　「白河結城家文書」　小峰城歴史館蔵

小田城跡空撮写真◆宝篋山から南西麓の小田地区にかけて小田城の遺構が残っている。小田城北側に位置する前山にも明確な城郭遺構が残り、宝篋山山頂にも若干の城郭遺構がある　茨城県つくば市　写真提供：つくば市教育委員会

小田城跡出土かわらけ◆かわらけは素焼きの土器のことで、武士などが館で催す饗宴の席や儀式・儀礼の場で食器や灯明皿として使用された。小田城跡出土かわらけはロクロを用いない手づくねのもので京都風の技法をみせる　つくば市教育委員会蔵

小田城跡出土軒平瓦◆小田城の生活面は時代ごとに六面からなる。ここに掲げたものは14世紀から15世紀の地層から出土したものである。瓦は小田城内に瓦葺の建屋があったことをうかがわせる　つくば市教育委員会蔵

小田氏歴代の墓◆小田氏は八田知家以後、鎌倉時代を通じて常陸守護となる。南北朝の内乱で南朝方に立って以後勢力を減退させ、氏治（天庵）を最後に滅亡した　茨城県土浦市・法雲寺境内

籠城戦となった関城・大宝城の戦いと北畠親房の苦悩

興国二年（暦応二年、一三四一）十一月十日、小田治久はついに小田城を開城、高師冬軍を城内に入れた。当然、北畠親房と春日顕国は追われるように脱出した。そして、親房は関城、顕国は大宝城に入った。同月十八日、治久は正式に師冬に降伏した。

暦応四年（興国二年、一三四一）十二月三日、師冬は小田城周囲に配した陣を焼き払うと、降伏した治久を伴い、村田荘《むらた》に移動した。そして、同月八日、関城・大宝城への攻撃を開始したのである。こうして、小田城から常陸合戦の主戦場は、関・大宝両城に移った。

親房が小田城に引き続き、関城（大宝城）に踏みとどまるのは、大きくふたつの理由があった。まず、前述のように興良親王を奉ずる以上、小田城・関城などは「御所《ごしょ》」であった。霊山の陸奥国府に入れないかぎり、常陸国のこれらの城々が、いやがうえにも「臨時陸奥国府《りんじむっこくふ》」の性格を持つことになる。親房にとって息子顕家の遺志を継ぐためにも、陸奥国府の灯を消すわけにはいかなかった。さらに、籠城戦は守る側にとって、攻城軍に連絡・兵粮の道を断たれる危険にさらされるが、その背後を援軍が突けば、敵を挟み撃ちにできる利点があった。そのため、白河結城親朝の来援までは、是が非でも持ちこたえる必要があった。親朝軍来援までの時間稼ぎである。師冬軍の主力を親房が引き受けているこの時期こそ、親朝軍来援、そして南朝挽回の好機とみたのである。

しかし、現実は親房にとって厳しいものであった。師冬は軍勢を大きく二つに分け、ひとつは関城大手野口《おおてのぐち》に、もうひとつは大宝城の北寺山《きたてらやま》に配した。現在、これらの位置は必ずしも明らかにできないが、関城・大宝城とも三方を大宝沼《だいほうぬま》に囲まれ、一方のみ陸路で他と結ばれている。つまり、師冬はこの陸路の箇所をまず塞いで、両城の連絡を遮断する作戦に出た

西明寺城跡◆八溝山地の一角を占める高館山に築かれた山城。山頂にある本丸は土塁で囲繞され、ここを起点として同心円状に郭が配されている。康平年間、紀権守正隆の築城という説があるが、これは高館山麓にある益子古城のことである。むしろ当城は鎌倉期に益子古城の詰城として築かれ、次第に整備拡大されたものであろう　栃木県益子町

のである。そして、師冬自身が拠る本陣を関郡黒子《くろご》に置いた。また、親房を支援する伊佐《いさ》城（茨城県筑西市中館）・真壁《まかべ》城（同桜川市真壁）・西明寺《さいみょうじ》城（栃木県益子町益子）も、師冬軍のために諸城間の通路が遮断されてしまった。

同年十二月、親房は親朝に対して、こうした関・大宝両城周辺の形勢を詳しく報じて、たとえ二、三百騎でも西明寺城・伊佐城あたりまで遣わしてくれれば、師冬勢はすぐにも退散するであろう、と来援を重ねて要請している。このころになると、親房の親朝への要請になりふり構わぬ気配がみえる。まずは親朝の父、宗広の遺志を最大限に尊重することを説くことはもちろんだが、平将門《たいらのまさかど》滅亡の故事までもちだして、尊氏も天命を保てないこと、さらに陸奥国にあった義良親王がたくさんの皇子のなかから、後醍醐天皇を嗣いで新たな天皇になったように、陸奥国の貴方《あなた》（親朝）こそ、その天運にあやかるにふさわしい、などという突拍子もない運試しまで持ちだしている。こうして、親房にとって興国二年（暦応四年、一三四一）の苦しい一年が終わろうとしていた。

翌年の興国三年正月に

大宝城跡空撮◆茨城県下妻市　写真提供：下妻市教育委員会

大宝沼のおもかげ◆大正期頃の様子で、正面が関城跡である　写真提供：個人

関城跡の空堀と土塁（上）／坑道跡（下）◆坑道跡は高師冬軍が関城へ侵入しようとした際に掘ったもの。師冬軍は坑道を掘っていたが、地盤が軟弱で落盤してしまい、この作戦は中止になった　茨城県筑西市

なっても、基本的に情勢は変わらなかった。関・大宝両城はもちろん、伊佐城などの諸城との連絡の困難さも、相変わらずであった。同年二月になると師冬軍には新たな軍勢が集まって包囲態勢は強化された。一方、白河結城親朝も黙っていたわけでなく、四月上旬、陸奥国にて北朝方を討ち破る戦果をあげ、親房を喜ばせている。また、十一月には親朝から関城の親房あてに進物や砂金《さきん》などが送られてきた。

しかし、親房たちの厳しい籠城戦は続けられていた。まず、両城間の陸路での連絡はさらに困難となり、しかも、五月になると、大宝沼を往復する舟の利用も難しい状態になっている。そして、籠城から一年近く経った同年十月になると、さすがの関宗祐も師冬との和睦を

関城跡遠望◆大宝沼に突出した舌状台地の先端部を利用して築城され、北を守れば防御が容易な天然の要害である。南北朝初期に関氏の築城とされるが、関宗祐の戦死でいったん廃城になり、戦国時代に多賀谷氏によって再建・修築され、下妻城の支城として使用された可能性が強く、遺構にも戦国期に手を加えた形跡がある。国指定史跡　茨城県筑西市

考えるようになった。さらに、足利直義の軍勢が京都から関東に進発するという噂も立ち始めた。これは直義と高師直の対立によって実現しなかったが、尊氏としては、いつまでも落城させられない師冬の指揮能力に疑問を持ち始めたのだろう。守るも攻めるもおおいに疲弊していたことは確かである。

興国四年（康永二年、一三四三）になると、親房たちにとって事態はさらに切迫した。それゆえ、同年正月十六日、親房は親朝に対して、前年十二月一日に、尊氏方の有力守護・土岐頼遠が殺されたこと、先日の正月二十日に尊氏・直義兄弟の生母（上杉清子《きよこ》）が亡くなったことなどを知らせ、現段階では京都から尊氏軍の本体が出陣することはないだろうとする旨を伝え、親朝の積極的な出陣を促した。しかし、親朝の出陣はなかった。それどころか、正月二十二日には、師冬軍が関城の堀際まで攻め寄せてきた。対する関城側は柵木《さくぎ》や城壁を立てて防いでいるから、簡単には落ちないことも伝えている。

大宝城跡の巨大土塁◆茨城県下妻市

もちろん、籠城側も防戦一方ではなかった。大宝城に拠る春日顕国は、同年三月二十九日と四月二日に城を出撃して関城に入っているが、この際には遊《ゆう》撃《げき》戦も展開し、師冬軍のひとり、結城直朝《なおとも》を討ち取っている。さらに、顕国は四月五日夜に伊佐城に入ったが、この際には「野伏《のぶし》（野臥）」を使って、師冬軍の糧道を断つなどのゲリラ戦も展開している。

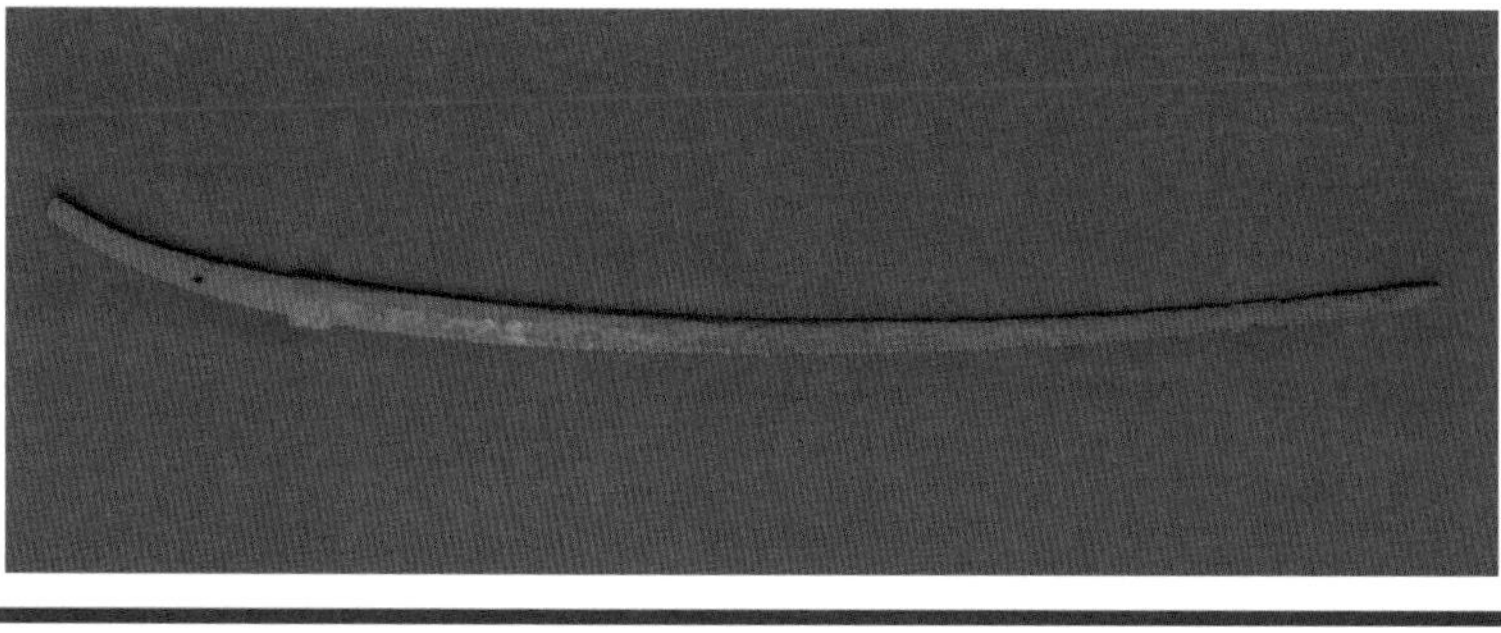
大宝沼出土太刀◆明治・大正期の大宝沼干拓事業の際に、関城跡寄りの沼底よりみつかった。鎌倉時代中期頃の制作という　個人蔵　写真提供：坂東市郷土館ミューズ

このように、親房たちはさまざまな手だてを駆使して師冬軍を食い止めていた。まず五月、師冬軍は関城の内堀に埋め草を入れて渡ろうとしたが、籠城側によって拒まれた。さらに、内堀の底から坑道《こうどう》を掘って城内への侵入を試みたが、これを掘っていた金掘師《かなほりし》が落盤《らくばん》で圧死したため、この作戦は中止となった。

しかし、大宝沼にはついに乱杭《らんぐい》が二重に打たれ、大宝城との連絡舟が座礁《ざしょう》するような仕掛けとなった。それ以上に、両城とも城内の兵粮が尽き始めたのである。関城では伊佐城からの支援で何とか食いつないでいる。また、大宝城での兵粮不足も深刻であり、陸奥国の田村《たむら》氏より支援を得ようとするも、手違いなどもあり、あてにならなかった。そうした窮状を親朝は承知していたが、それでも出陣することはなかった。

康永二年（興国四年、一三四三）八月十九日、白河結城親朝は、建武二年以前の所領・所職の安堵を条件に、ついに足利方に与することとなった。その四日後の同月二十三日、親房は軍勢催促の書状を親朝に送っているが、すべては後の祭りであった。これが親朝に送った親房最後の書状となった。春日顕国も親朝寝返りの報は知らず、同年八月三十日にやはり支援の書状を送っている。この親朝の行為は、親房のみならず、常陸・南下野の南朝方の士気を完全に挫《くじ》いた。親朝は足利方になった証拠として、九月中に白河結城一族および、それに同道した関係者の名簿を尊氏に提出している。そのなかには、これまで親房を支えた村田氏、下妻氏の関係者の名前があった。彼らは親朝の寝返りを転機として、関城・大宝両城より逃走した武士といえるだろう。

こうして、興国四年（康永二年、一三四三）十一月十一日に関城が、翌十二日に大宝城が落ちた。伊佐城・西明寺城など、親房を支援した諸城もあわせて落ちている。これにより関

（右）関宗祐の墓◆関宗祐は関城をよく守ったが力及ばず、自害に追い込まれた。この墓前域では、現在でも地域の人たちによって落城の日を命日として墓前祭が行われているという　茨城県筑西市

（左）結城直朝の墓◆結城直朝は下総結城を拠点とした武将で、北朝方として活躍した。関城攻撃の際に戦死してしまったという　茨城県筑西市

宗祐は自害、下妻氏も同様であった。親房は、関城落城の直前に城を脱出したとみられる。おそらく、鬼怒川を舟で下り、ともかく足利方の追及の手を逃れて、吉野へ帰還することができたのである。

吉野に戻った親房は、足利方の内紛に乗じて、一時は京都を奪還したこともあったが、ついには吉野も追われて、賀名生《あのう》（奈良県五條市西吉野町）への後村上天皇の動座に従った。親房はここで没したという。賀名生の堀家は、「賀名生皇居跡」として伝わる。

その後、北畠氏は親房の三男・顕能《あきよし》が伊勢国司となり、その後裔は伊勢国多気《たき》（三重県津市美杉町）を拠点とした。そして、永禄十二年（一五六九）に北畠具教《とものり》が織田信長《おだのぶなが》に降伏するまで、長きにわたり伊勢国を支配したのであった。

（上）黒木御所遺跡◆奈良県五條市
（下）賀名生の堀家◆奈良県五條市

（左右共）北畠親房墓所◆奈良県五條市

視点　武士の装い

鎌倉時代後期以降、合戦は長期化し、兵力も大量に動員されるようになった。きっかけは、一二七四年と一二八一年の二度にわたるモンゴルの来襲とされる。また、武士の惣領制の展開のなかで、庶子たちの兵員を含めた大規模な戦闘集団の編成が可能になったためとみられる（それが、逆に惣領制の崩壊も促す）。

これにより、源平合戦時の騎馬武者の一騎討ちの時代から、足軽《あしがる》などの歩兵を主戦力とする集団戦へと変わっていった。こうした歩兵による長期的な合戦に適合するように、大鎧《おおよろい》などの大がかりな甲冑から、より軽量な胴丸《どうまる》や腹巻《はらまき》が普及していく。また、遠距離から一気に歩兵集団の戦意を挫くため、弓矢は有効な武器として多用された。それを防ぐための楯の存在も重要になってきた。

一方、手にする武器も、切る・はらう太刀《たち》から、大太刀・薙刀《なぎなた》・長巻《ながまき》などが主力になった。これは、集団ゆえに、個々の戦闘能力が低くても、刃や柄が長く大振りな点が、そうした欠を補うとされたためとみられる。

さらに、槍も鎌倉時代後期ころより登場する。これも柄の長さで、個々の戦闘能力の低さを補おうとするためであろうが、槍が合戦を主導するのは、十六世紀以降とみられる。これは、戦闘集団の密度がより高まり、長大な薙刀・長巻を振り回す場面が減ってしまったからである。それに応じて、武器による攻め方が、刺突《しとつ》する（奥に深く傷をつける）ことに変わっていった。鉄砲《てっぽう》で撃つことも、広い意味で「刺突」する行為に近い。

このような理由から、十六世紀以降になると、薙刀・長巻は、武器の主力の座から後退していった。長巻は中子《なかご》を詰めて太刀に改造したり（長巻直し）、薙刀は刃の反りや張りが小さくなって、近世以降になると武家の女性のたしなみというイメージか強くなってしまった。

さらに、「刺突」系武器の発達により、甲冑《かっちゅう》にも変化が

三十八間星兜◆作者は不明だが、鉄製で南北朝時代（14世紀）の頃の特徴をよく示すといわれている　宇都宮市・二荒山神社蔵

起きた。従来の胴丸・腹巻は、軽量ゆえに軽快に動けたが、その分、「刺突」による攻撃には脆かった。槍や鉄砲では簡単に貫通されてしまうのである。

そこで、軽量を多少犠牲にしながらも、全身を強固に覆う甲冑が必要になってきた。そのため、製作方法も、小札《こざね》を威糸《おどしいと》で丹念に組み上げていくことから、板札のように最初から一体化したもの、鉄板を縦矧《たてはぎ》、あるいは横矧してするなど、強固さだけでなく、工程の簡素化も重視するようになった。

さらに、意匠としても、武将一人ひとりの個性を表現するようになり、こうして強固、かつ独創性も加味された甲冑、いわゆる当世具足が次の戦国時代以降の主流となった。

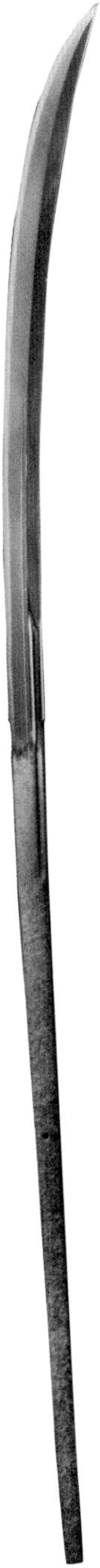
薙刀◆南北朝時代の合戦で主要な武器となった。この薙刀は備前国の刀工である元重の作と伝えられる。切り込み（誉傷）が棟にあり、実際の合戦で用いられたらしい　水戸市・東照宮蔵　茨城県立歴史館寄託

太平記絵巻（部分）◆徒の武士が薙刀を持ち、騎馬武者が太刀を持っていることがわかる　埼玉県立歴史と民俗の博物館蔵

鎌倉府を苦しめた小山義政と若犬丸の乱

南北朝期の小山氏は下野南西部に大きな勢力をもちながらも、その立場は不安定であった。小山朝氏《ともうじ》（朝郷《ともさと》）は、足利尊氏の麾下として戦功をあげるも、延元二年（一三三七）十二月、西上する北畠顕家軍の攻撃で捕らえられた。その失態から、一族の結城宗広・親朝父子の勧誘によって、南朝方に心を寄せる場合もあった。常陸合戦ではとりあえず足利方であったが、非協力的な態度であった。そのため、家臣たちも去就の定まらない朝郷ではなく、弟の氏政《うじまさ》に期待を抱くようになり、貞和《じょうわ》二年（一三四六）四月十三日、朝郷の死をもって家督は氏政が嗣ぐこととなった。氏政は一貫して尊氏方として戦功を上げている。

氏政の後を嗣いだのが義政《よしまさ》である。貞治《じょうじ》五年（一三六六）に至って、義政は下野守護職を回復したが、このころから足利氏にとって小山氏は脅威となり始めた。義政段階の小山氏は、本拠となる小山など下野南東部はもちろん、常陸国伊佐郡平塚郷・武蔵国太田荘・下総国下河辺荘などにも勢力を及ぼしていた。いずれも鎌倉時代は北条氏領であり、北条氏滅亡後は足利氏領となり、それを鎌倉府が引き続き管理支配したのである。しかし、伊佐郡を除けば、かつて小山氏の祖である朝政以来、小山系一族によって開発されてきたところである。領地をめぐる潜在的な対立関係は、建武政権時から生じていたのである。

このうち、平塚郷はすでに応安《おうあん》三年（一三七〇）六月二十五日に、義政が鹿島社に寄進したが、これは将軍足利義満《よしみつ》にむりやり寄進させられた観があるという。このときの義政はと

祇園城塚田曲輪と馬出の間の空堀
◆思川左岸にあり、遺構は東側の国道四号との間に確認され、数郭に分れていたが現在主要部分は城山公園となっている。築城時期は不明であるが、この一帯は平安末期以来の小山氏の本拠地である。康暦二年（一三八〇）からの小山義政の乱の頃には、南の鷲城に義政が拠っていることなどから同城が本城であったとされる。のち結城泰朝によって興された小山氏が居城し、徐々に拡張され、北条氏照が入城する天正五年（一五七七）前後に大改造が加えられた　栃木県小山市

りあえず足利氏に屈したかたちをとった。しかし、その後の義政の行動は足利方を刺激した。応安五年（一三七二）十一月、義政は武蔵国太田荘の総鎮守である鷲宮《わしのみや》神社の社殿造営を手がけ、さらに永和《えいわ》二年（一三七六）四月十九日には同社に太刀を奉納している。これらの行為は、武蔵国守護職である関東管領上杉憲春《のりはる》にとって、心中穏やかならぬものであった。

そして、ついに決定的な事件が起こる。小山氏の北に位置する宇都宮基綱《もとつな》との対立である。康暦《こうりゃく》二年（一三八〇）五月、鎌倉公方足利氏満《うじみつ》の勧告を無視して両軍は裳原《もばら》（宇都宮市）で衝突し、激戦のすえに基綱は討ち死にした。氏満は義政の行動を公儀を軽んじた私闘とみなし、同年六月一日には鎌倉府管轄下の国々の武士に対して義政追討を命じたのであった。この時点で義政の下野国守護職は剥奪《はくだつ》され、その職は憲春の弟・上杉憲方《のりまさ》が兼務することとなった。

追討軍は鎌倉公方足利氏満自らが総大将となり、常陸・北下総の武士たちは氏満の命に応じて出陣した。そのひとりが鹿島郡北部の国人領主・烟田重幹《しげもと》である。重幹は惣領である鹿島幹重に従い、康暦二年六月十八日に、まず武蔵国府中に着いた。それから、武蔵国村岡（埼玉県熊谷市）に向かい、ここが総大将の本営となった。ここから追討軍は上杉憲方・同朝宗《ともむね》・木戸《きど》貞範《さだのり》を大将として、下野国天命《てんみょう》（佐野市）を経て小山に侵攻した。

同年八月十二日、烟田重幹は小山・大聖寺《だいしょうじ》での陣取り合戦をかわきりに、同月二十九日には義政屋敷（小山市・神鳥谷《ひととのや》遺跡《いせき》が比定地）をめぐる合戦に加わり、重幹はその西木戸口《にしきどぐち》攻めの先陣を切った。この合戦で家臣の小高根《おだかね》三郎左《さぶろうさ》衛門尉《えもんのじょう》・塙《はなわ》衛門三郎《えもんさぶろう》が負傷した。

このとき、義政は早々に戦意を喪失しており、同年九月十九日には村岡の本

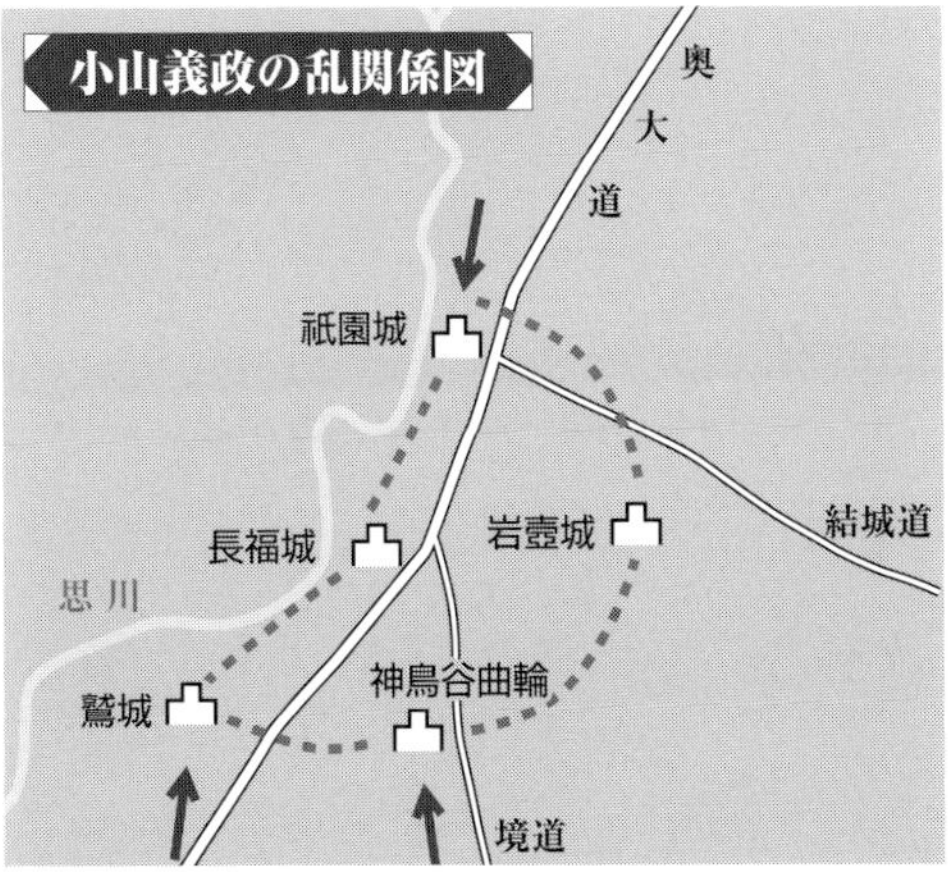

杉山一弥編著『図説 鎌倉府』（戎光祥出版）掲載の図（原図作成：石橋一展氏）より引用

足利氏満木像◆足利基氏の長男で、２代鎌倉公方。康暦の政変を機に、将軍になろうとしたが、関東管領上杉憲春の諌死によって断念した　神奈川県鎌倉市・瑞泉寺蔵

営に使者を遣わして氏満に降伏した。しかし、義政自らは出頭しなかった。氏満はその不参行為を謀反ととらえ、同年十二月に二度目の討伐軍を派遣した。烟田重幹も惣領・鹿島幹重の麾下にて再び追討軍に加わった。

翌年の永徳《えいとく》元年（一三八一）になると、重幹は五月二十七日の児玉《こだま》塚《づか》へ参陣以来、小山各所の陣を警護し、さらに六月十二日の本沢河《ほんざわかわ》原《ら》、同月二十六日の千町谷《せんちょうだに》、七月十八日の中河原《なかがわら》の合戦で戦功をあげ、同月二十九日の粟宮口《あわみやぐち》では野臥《のぶし》合戦を展開した。そして、八月十二日には義政の拠点・鷲《わし》城の東《ひがし》戸張口《とばりぐち》の合戦で軍忠をなし、同月十八日の「新城《しんじょう》」（長福寺城《ちょうふくじじょう》）「外城《とじょう》」が落ちる際の合戦でも戦功をあげている。一方、氏満は小山氏の所領である武蔵国太田荘などを没収している。

しかし、この後はしばらく膠着《こうちゃく》状態が続いた。そして、十月になると、義政の本拠地である鷲城が合戦の舞台となった。同月十五日に鷲城に火が放たれ、切岸《きりぎし》で合戦があり、重幹

鷲城跡空撮◆思川左岸の標高三〇—三五メートルの台地にある。伝承では鎌倉時代の小山氏の館と伝えるが、地形・遺構などから小山氏十一代の義政の頃、南北朝期の修築または築城という　栃木県小山市　写真提供：小山市教育委員会

の家臣・鳥栖式部丞《とりのすしきぶのじょう》が負傷した。その後も鷲城をめぐる攻防戦は続き、十一月十六日には鷲城の外城の城壁を壊し、十二月六日に鷲城の堀を埋める作戦に出た。こうして重幹たちは鷲城内に突入し、十二月八日に義政は降伏した。同月十二日、義政は出家して法名を永賢《えいけん》とし、家督を子の若犬丸《わかいぬまる》に譲ることとした。そして、祇園城で謹慎していた。

氏満は義政の身命には温情を示す一方、領地の没収に関しては容赦なかった。そのため、翌年の永徳二年三月二十二日、義政は祇園《ぎおん》城に火を放ち、若犬丸とともに粕尾《かすお》城（栃木県鹿沼市）に籠もった。三度目の反乱である。烟田重幹も討伐軍に加わり、四月八日に長野《ながの》陣を経て、同月十一日の粕尾城攻めでも戦功をあげている。その日に城は落ち、義政は翌十二日夜に自害した。このとき、義政の遺子・若犬丸は粕尾城を逃亡して陸奥国に走り、数年間の潜伏ののち、再び祇園城に戻り、至徳《しとく》三年（一三八六）五月二十七日に挙兵した。当初は討伐に来た下野国守護代・木戸法季《ほうき》の軍を撃退するなどの動きをみせたが、七月二日に鎌倉公方足利氏満自らが出陣すると、若犬丸はふたたび逃走し、常陸の小田氏を頼った。これが後述するように小田氏の乱へと連動する。

それにしても、若犬丸は数年間放棄したはずの小山に戻ったばかりか、かつての拠点・祇園城で挙兵にまで及んだ。これは小山氏を支える旧臣たちが小山周辺に少なからず居たからであろう。ここに数百年来、この地を治めてきた小山氏の底力をみるのであり、それだけに関東の巨大勢力を屈服させるのは、鎌倉公方の絶対的な命題だったのである。

粕尾城◆粕尾川の東岸にある、現在館山とよばれる台地一帯に位置。寺窪城ともいわれる。北から東にかけては緩傾斜をなし、西から南は粕尾川に面して絶壁となっている。館山南に不動堂、その東麓には薬師堂、南東麓には田原神社が鎮座。館山の南西粕尾川を隔てて龍栄寺という廃寺跡があり、付近を陣の手と称し、出城櫃沢城があったと推定される　写真提供：鹿沼市教育委員会

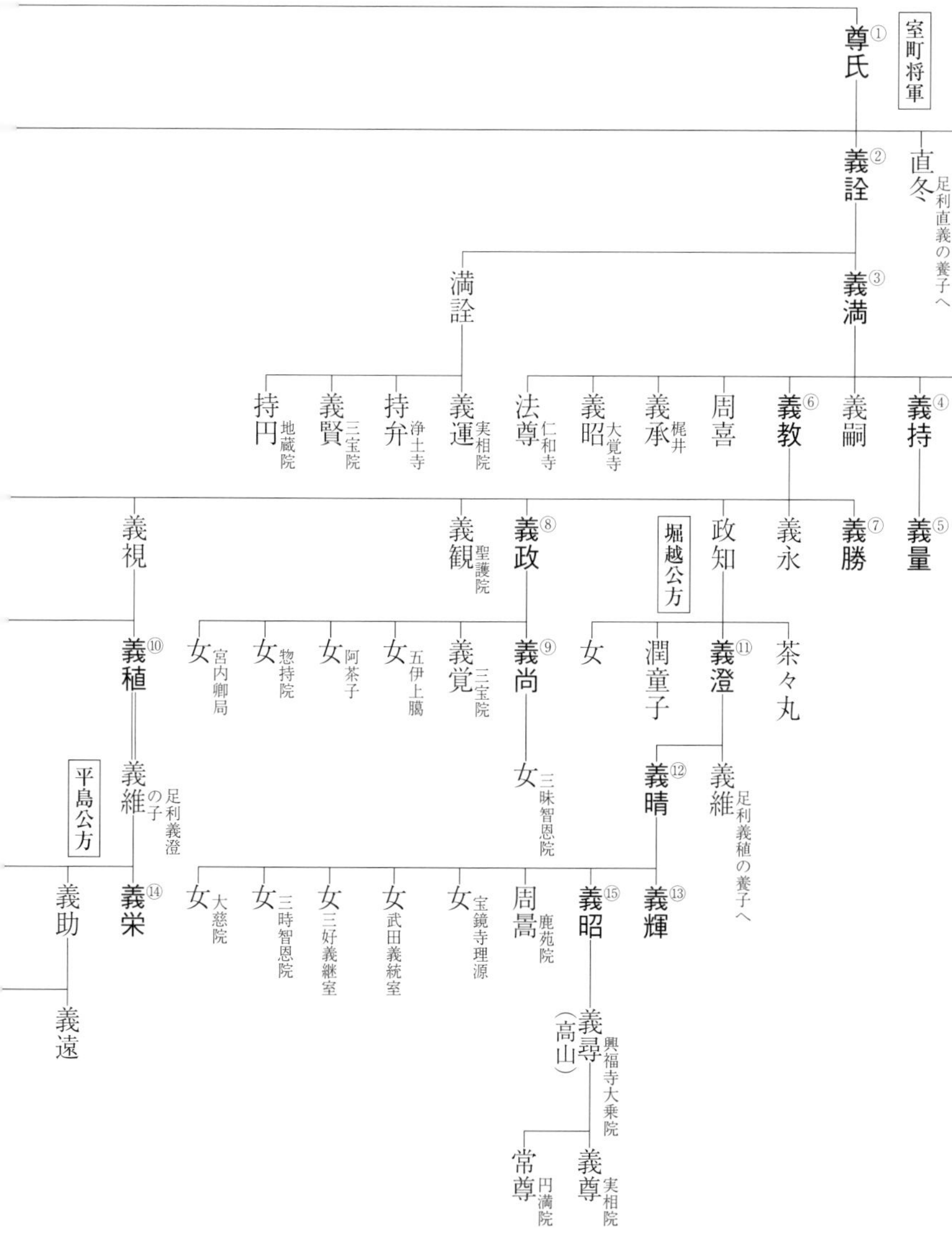

※丸数字は将軍、ゴシック数字は鎌倉公方の代数。

足利氏(室町将軍・鎌倉公方)系図

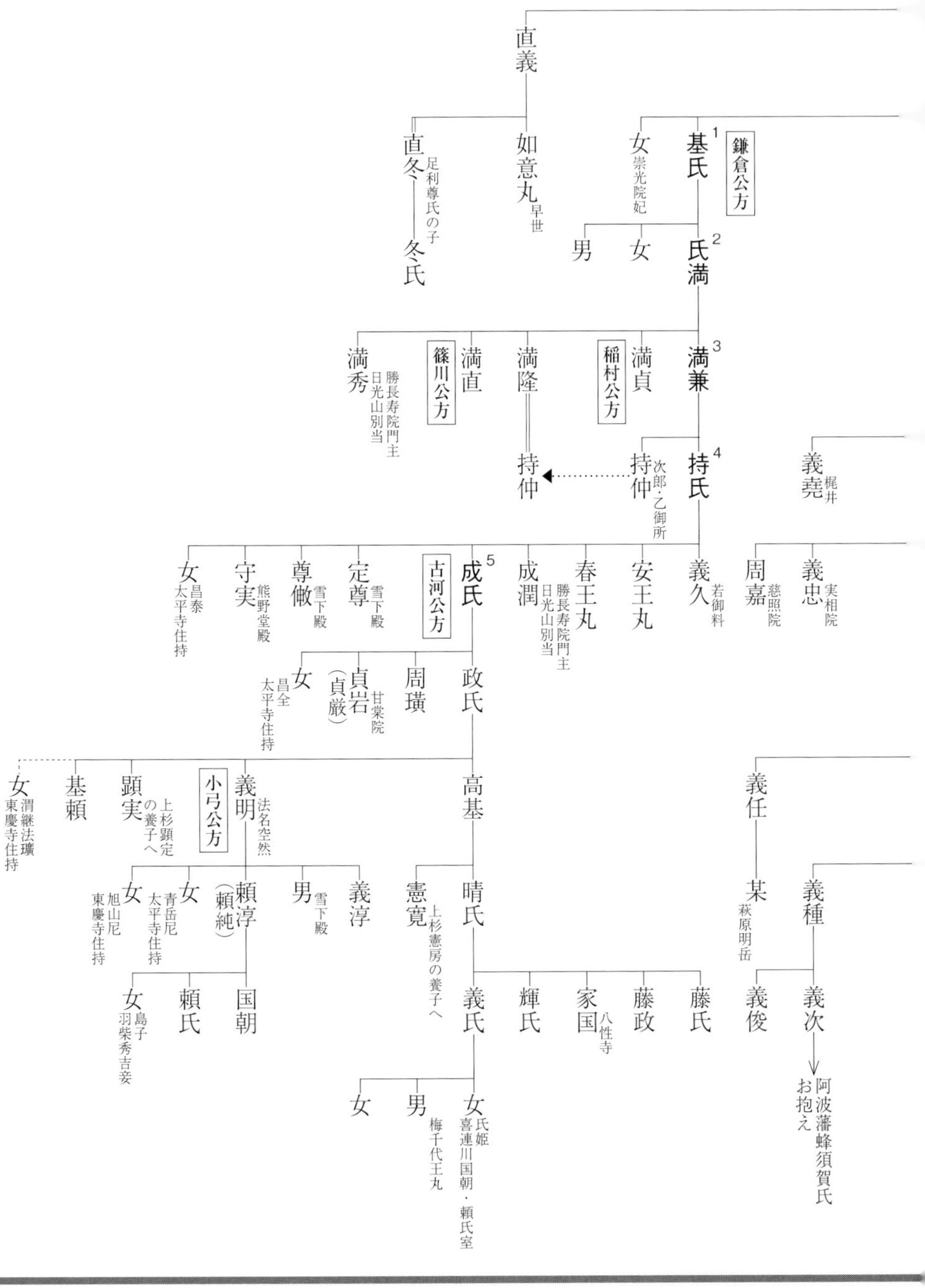

小山若犬丸を秘匿した小田孝朝の「謀反」と宍戸氏

小田治久は暦応四年（一三四一）十一月十日、小田城を開城して高師冬に降伏すると、今度は足利方として、師冬の指揮下に入って関城・大宝城の攻略にも協力し、さらに文和《ぶんな》元年（一三五二）閏《うるう》二月には、新田義興《よしおき》の蜂起に対応した足利尊氏に従うため、武蔵国石浜《いしはま》城（東京都墨田区）の陣に馳せ参じている。これらは、南朝方に与したという過去を払拭するかのようなはたらきであった。そして、同年十二月十一日に没している。

治久の跡を嗣いだのが孝朝《たかとも》である。孝朝は十代後半にあたる文和二年（一三五三）のころから尊氏に従い、受領名を讃岐守《さぬきのかみ》とした。また、延文《えんぶん》六年（一三六一）四月には拠点の小田に位置する崇福寺《そうふくじ》に梵鐘を納めたが、その銘には「正五位下《しょうごいのげ》行讃岐守《ぎょうさぬきのかみ》源《みなもとの》朝臣孝朝《あそんたかとも》」とあるように、讃岐守と併せて「正五位下」に叙せられていた。孝朝は応安五年（一三七二）四月に、小田に近い信太荘大村《おおむら》（つくば市大）・崇源寺《そうげんじ》にも梵鐘を納めたが、その銘には「従《じゅ》四位下《しいのげ》行前讃岐守《ぎょうさきのさぬきのかみ》源《みなもとの》朝臣孝朝《あそんたかとも》」とあるように、「従四位下」にまで昇叙されていることがわかる。この位階は室町幕府の三管領四職《さんかんれいししき》を務めた足利一門と肩を並べるほどの高いもので、南朝方の中心であった父・治久の事績、「前歴」と照合すれば、まずありえない立場である。

こうした孝朝の異例の出世について、孝朝が治久の実子であることを疑問視し、代わって宍戸朝里《ししどともさと》の実子・氏朝《うじとも》こそ孝朝その人との説が市村高男氏から出されている。つまり、宍戸氏朝は小田一族であり、宍戸朝里（山尾《やまお》系宍戸氏）から治久の後継者として小田宗家に養子に入り孝朝と名を改めた、というのである。そして、朝里の跡は孫（つまり氏朝の子）にあたる満里《みつさと》が嗣いだらしい。宍戸氏は小田氏の祖である八田知家の子・家政《いえまさ》からはじまり、家《いえ》周《ちか》に継がれるが、その子の家氏《いえうじ》・家宗《いえむね》・家時《いえとき》がそれぞれ壱岐《いき》系・岩間《いわま》系・山尾系に分かれ、

石浜神社◆石浜城の所在地は諸説あるが、石浜神社周辺というのが現在有力な説だ　東京都台東区

小田城跡◆土橋と北虎口の跡

このうち壱岐系は鎌倉幕府の滅亡に際して北条氏とともに没落した（ただし、族滅までは至らない）。

岩間系は小鶴南荘を拠点としていた。宍戸胤知《たねとも》（胤朝）が南朝方に与して没落したが、その孫の知連《ともつら》の代までには足利方として復活した。しかし、文和二年（一三五三）に小鶴南荘にて南朝方・土御《つちみ》門《かど》某《なにがし》が宍戸山（難台山《なんたいさん》か）で蜂起する事件が起きている。この事件は、足利方の真壁長岡法昌《まかべながおかほうしょう》によって鎮圧されたが、足利方に従ったはずの岩間系宍戸氏の支配下（小鶴南荘）で起こっている。そして、

伝小田治久画像◆茨城県土浦市・法雲寺蔵　土浦市立博物館寄託　住友財団助成修復品

小田城のジオラマ◆一部加筆　写真提供：つくば市教育委員会

この事件は後述するように、小田氏の乱における岩間系宍戸氏の立場を暗示する伏線になっていくのである。

そして、山尾系が家時・知時・朝里、そして氏朝（孝朝）に至る系譜である。おそらく、小鶴北荘を拠点としたと考えられる。宍戸朝里は建武政権の崩壊直後から足利方だったらしく、観応の擾乱では一時的に直義方に与したものの、以後は一貫して尊氏方に従った。そのため、全国各地に領地を持つようになり、宍戸氏を常陸国にとどまらない勢力に発展させた観がある。つまり、南北朝の動乱期以降における宍戸氏の主流とは、まさにこの山尾系宍戸氏なのである。そうすると、氏朝による小田氏宗家の継承は、小田氏の復活、そして飛躍の決定的切り札であった。そのため、実名も足利尊氏の「氏」ではなく、「尊」と同じ音になる「孝」（「尊」の漢字は後醍醐天皇の偏諱でもあるため、他氏は使えない）にすることで尊氏との親和性を増すとともに、実父宍戸朝里の「朝」を引き続き使うことで、山尾系宍戸氏による新たな小田氏宗家の成立を周囲に大きく知らしめたのであった。これは、小田氏と宍戸氏との一体的な関係ともいえるだろう。

また、支配領域、あるいは影響を及ぼせる地域も、北は那珂川河口・那珂湊から南は河内郡・信太荘に至る常陸国の南半分に展開するなど、鎌倉時代後期より北条氏に奪われ続けた旧領はもとより、それを超えた広範囲に及んだ。この点も市村高男氏によって明らかにされた。さらに、孝朝は剣術で小田流の開祖とされ、和歌は『新千載和歌集《しんせんざいわかしゅう》』『新拾遺和歌集《しんしゅういわかしゅう》』にも採録されるほどの歌才にも恵まれた。また、義堂周信《ぎどうしゅうしん》など室町将軍足利義満とも親しい臨済僧との交流もあるなど、文武ともに秀でた武将といわれる。

小田孝朝の「謀反」は、至徳四年（嘉慶《かけい》元年、一三八七）五月、氏満の近臣・野田等忠《のだともつな》が捕らえたひとりの「召人」の、小田孝朝が小山若犬丸を秘匿しているという白状によって発

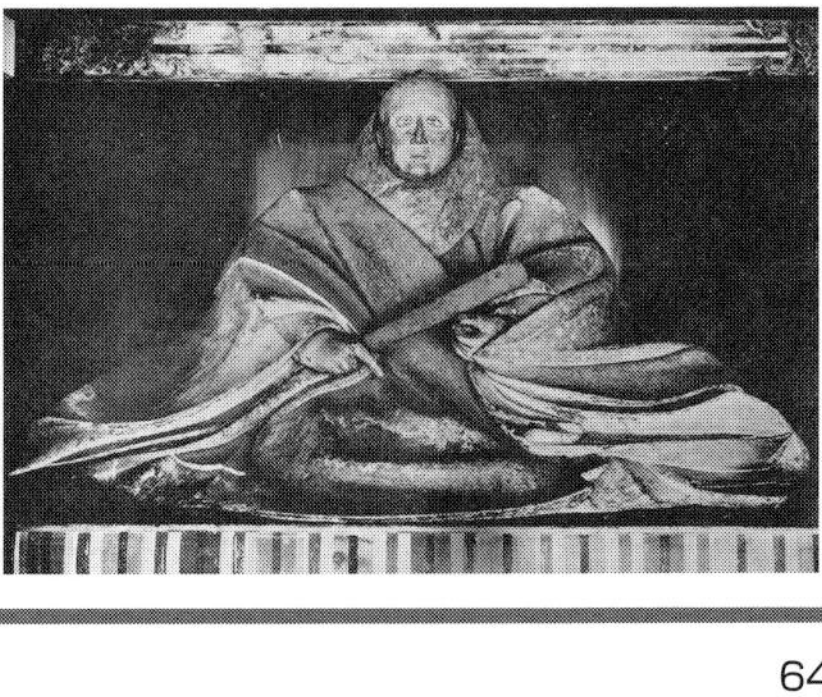
木造足利義満坐像◆足利義満は室町幕府第三代将軍で、小田孝朝とも親交があった。本像は鹿苑寺金閣の所蔵であったが、昭和二十五年（一九五〇）の金閣全焼で他の宝物とともに焼失してしまった

覚した。事態を受けた鎌倉府では、翌六月に鎌倉在中の孝朝・治朝《はるとも》父子の身柄を拘束し、七月十九日には犬懸《いぬがけ》上杉朝宗《ともむね》を主力とする軍勢が小田討伐軍として常陸国に向けて進発したのである。これまでの動向からすれば、孝朝は足利義満とも親しく、小山義政討伐にも鎌倉府方として参陣するなど氏満の信頼も厚いはずであり、社会的には謀反を起こすこと自体ありえないと見なされたはずである。しかし、実態は異なった。勢力を拡大したい足利氏満としては、小山氏の次に標的とすべき一族は小田氏であった。

　一方の孝朝としても、氏満に次に狙われるのは自分自身であるとの危機感はあったはずで、いざというときは若犬丸の持つ潜在的勢力との連携も思案していたのだろう。つまり、若犬丸は義政自害以後も至徳四年五月には古河《こが》（茨城県古河市）で挙兵し、さらに祇園城を奪回できた。これはすぐに鎌倉府方に鎮圧されたが、こうした粘り強い小山氏の抵抗は、小山氏を慕う在地勢力の支援が不可欠である。孝朝にすれば、若犬丸秘匿は謀反人を抱えるわけであるから、露見を考えれば、危うい選択となる。しかし、若犬丸の潜在的勢力は捨てがたい。氏満の軍事行動を受けたときには、そうした勢力が頼りとなり、やがては、氏満の鎌倉府体制に不満を抱く各地の守護職・一揆も呼応するだろうという期待も抱いていた、としても不思議ではない。来るべき非常時に備えた態勢づくりは内々に進めていたとみられる。

小田孝朝の乱関係図

杉山一弥編著『図説 鎌倉府』（戎光祥出版）
掲載図を一部修正

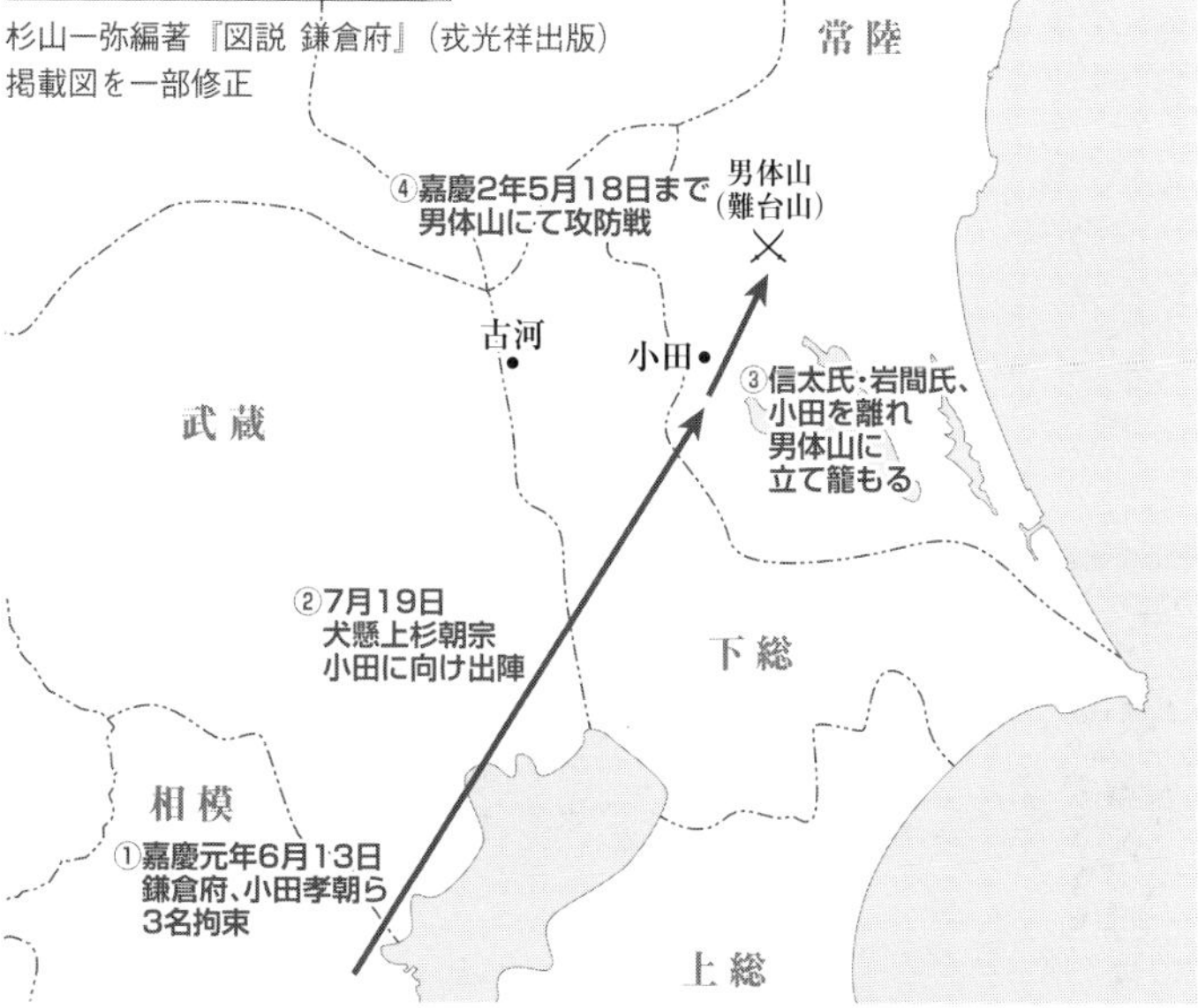

しかし、孝朝にとって若犬丸秘匿は完全に裏目に出てしまった。孝朝自身が何ら手出しのできない鎌倉在中にもかかわらず、捕らえられた者からの白状、という想定外の事態から謀反が露見したからだ。そして、孝朝父子は鎌倉府に身柄を拘束され、鎌倉府の討伐軍を本拠地の常陸国小田に向かわせてしまう、という体たらくを演じてしまったのである。

一方、小田にいた孝朝の子（治朝の弟）、孝朝の家臣たち、さらに小田氏一族は、小田城での追討軍との戦いを早々に切り上げ、岩間系宍戸氏の拠点である小鶴南荘岩間郷に移った。そして同地の男体山を城郭化して、立て籠もったのである。しかし、このとき、宍戸氏内部での対応は異なった。孝朝の実家である山尾系宍戸氏は、孝朝の意に反して鎌倉府方に与したのである。いたずらに氏満に抵抗することは、有害であると察したのだろう。それに対して、この謀反を主導したのは岩間系宍戸氏の知連《ともつら》といわれている。ちなみに、かつては孝朝の子（治朝の弟）の小田五郎藤綱《ごろうふじつな》が謀叛の主力といわれてきたが、男体山を支配地の小鶴南荘に抱える岩間宍戸知連が主導したことが、杉山一弥氏の研究によって明らかになった。

さらに、かなり後の永享七年（一四三五）のことだが、同年八月九日の「常陸国富有人等注文」という史料をみると、岩間系宍戸氏が一円的に支配しているはずの郷・支配者が、岩間郷・龍崎弾正少弼《りゅうざきだんじょうしょうひつ》、阿子《あご》（安居）郷・同人、住吉《すみよし》郷・左近大夫将監《さこんのたいふしょうげん》、志多利柳《したりやなぎ》郷・里見四《さとみし》郎《ろう》、下土師《しもはじ》郷・筑波大夫法眼《つくばだゆうほうげん》、小鶴郷・龍崎右京亮《うきょうのすけ》となるなど、本来ならば小鶴南荘には縁もゆかりもない人びとによって、分割支配されていることも杉山氏が指摘するところである。これは、岩間系宍戸氏の滅亡の結果と考えられる。小田氏の乱は、直接の原因こそ孝朝による若犬丸秘匿であったが、結果として一族・岩間系宍戸氏の反鎌倉府闘争へと変質したのである。

小田五郎追弔碑◆難台山中腹にある石碑。この碑は昭和九年（一九三四）に建立されたものである。昭和九年は後醍醐天皇による建武の新政から数えて六〇〇年後にあたるため、一部の軍人・神職・歴史家などによって後醍醐天皇と南朝の忠臣の功績を顕彰する事業が全国各地で挙行されたが、それが石碑建立の理由ともいわれている　茨城県笠間市

宍戸氏はなぜ、難台山城に籠城したのか

それにしても、なぜ宍戸知連らの籠城の地が難台山城であったのか。これについては、知連の地元という理由だけでなく、少なくとも二つの大きな理由が考えられる。まず、地政学的な立地である。小鶴南荘の西端に位置する難台山は、その東麓を源流とする桜《さくら》川・随光《ずいこう》寺《じ》川が東流する。このふたつの河川は涸沼《ひぬま》川に合流すると、涸沼川は涸沼に入る。この涸沼に流入するまでの流域の両岸に、小鶴南荘・小鶴北荘がある。そして涸沼を出ると流路は北

難台山城跡遠望◆屏風ヶ岩・舟玉石などの奇岩で知られる難台山（553メートル、男体山・羽梨山ともいう）中の観音平にある。周囲が山勢急な険峻なる斜面にあり、東西180メートル・南北70メートル。わずかに空堀・土塁の名残がある　茨城県笠間市

難台山城段状郭跡◆山頂から南東に500メートルほど下った支尾根の中腹「観音平」が史跡指定されているが、山頂部にも城郭遺構があり、山そのものが要害のような城だったのかもしれない　茨城県笠間市

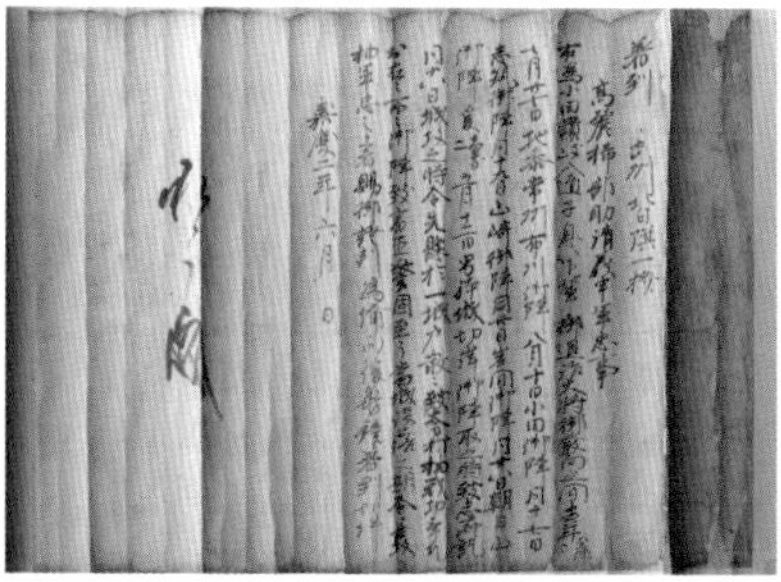

嘉慶二年（一三八八）六月付け高麗清義軍忠状◆男躰山（難台山）に要害を構えていた小田孝朝らを「退治」するため、嘉慶元年（一三八七）、足利氏満は上杉朝宗を発向させ、翌年五月十八日、城を攻め落としている　個人蔵　写真提供：日高市教育委員会

東に向かい、太平洋に注ぐ手前の那珂川に合流する。一見すると、常陸国の内陸部に位置すると思われがちな難台山城であるが、舟をもちいれば、涸沼川↓涸沼↓涸沼川↓那珂川↓太平洋という一本の水路でつながるのである。

また、那珂川の河口に位置する那珂湊は、このころ小田（風間《かざま》）出羽守《でわのかみ》と称する小田氏の一族が支配していた、という説が市村高男氏から出されている。さらに、涸沼の北岸に位置する石崎保《いしざきのほ》は、佐竹義篤の娘で小田孝朝の妻「小田御前《おだごぜん》」の領するところであった。このように、難台山城が知連の挙兵から約十か月もの間、持ちこたえられたのは、少なからず佐竹氏などの支援を得ていたことは十分に考えられる。

次に、難台山そのものの特徴である。現在、難台山の東麓には真言宗寺院の難台山普賢院《ふげんいん》龍光寺《りゅうこうじ》がある。江戸時代までは、普賢院の北側に位置する羽梨山神社《はねなしやまじんじゃ》（熊野神社）の別当《べっとう》でもあった。しかし、難台山で合戦があったころは、律宗寺院であった可能性が高い。そうすると、小田にあった三村山清冷院極楽寺《みむらさんせいりょういんごくらくじ》とも深く関係する寺院とみられる。また、山号を難台山とするのは、普賢院にとってこの山が霊山であったからだろう。現在、普賢院には十四・十五世紀制作の仏像が複数安置されているが、なかでも律宗系の仏像が特徴的である。まず、二躯《く》の如来像（釈迦・阿弥陀か）のうちの一躯の頭部は縄目条編髪《なわめじょうくみかみ》となるなど、部分的ながら清凉寺式《せいりょうじしき》釈迦如来を彷彿とさせる。また、愛染明王は律宗の第一人者である叡尊《えいぞん》の念持仏《ねんじぶつ》でもあるように、愛染明王信仰の広がりには律宗の影響がみられた。

このほか、熊野信仰との関わりもみられる。十一面観音像《じゅういちめんかんのんぞう》・如意輪《にょいりん》観音像は、熊野の補《ふ》陀落《だらく》信仰に深く関わる仏である。普賢院に隣接する羽梨山神社は、もとは熊野神社であった（式内社の羽梨山神社が現在地に移され、熊野神社を合祀した）。その境内からは三村山清冷院極楽寺と同笵《どうはん》の瓦《かわら》がみつかっている。熊野信仰の広がりにも律宗が関わっている点は、たと

普賢院と羽梨山神社◆祭神は木花咲耶姫。初めは朝日丘にあり、坂上田村麻呂が蝦夷征討の途上、当社に武運を祈り大任を遂行したと伝え、巨勢野足が勅使となって大遷宮式を行ったという。また、平貞盛や源頼義・義家があいついで弓矢・太刀鎧・神馬を奉納するなど武家の崇敬者が多かった。文亀年間に熊野権現を合祀し、朝日丘から現在地に奉遷した　茨城県笠間市

えば金沢称名寺《しょうみょうじ》（横浜市金沢区）の学僧である亮順《りょうじゅん》が、熊野本宮に近い祓殿阿弥陀寺《はらどあみだじ》の勧進を担っていたことからもわかる。このように、普賢院は宍戸氏による律宗布教の拠点とみられ、それは宍戸氏の本家である小田氏と三村山清冷院極楽寺の関係に対比されよう。この律宗への傾倒は、北関東では小田氏に留まらず、宇都宮氏や小山氏にもみられた。とくに小山義政は、年代ははっきりしないものの、小山所在の律宗寺院・真福寺《しんぷくじ》（現在未詳）が、奈良・西大寺《さいだいじ》の末寺に編成されたことを感謝する書状を出している。そうすると、小山若犬丸が最終的に宍戸知連を頼り、そして知連が難台山城にて挙兵・籠城するに際して、こうした西大寺系律宗のネットワークも少なからず関与していたことだろう。

さて、この合戦の経緯については、犬懸上杉氏方として出兵した武蔵国高麗《こま》郡の国人領主である高麗清義《きよよし》の軍忠状に詳しく記されている。これによると、清義は嘉慶《かけい》元年（一三八七）七月二十七日に常陸国伊佐郡布川《ぬのかわ》（茨城県筑西市布川）に参陣すると、同年八月十日には小田に着いた。ここは小田氏の本拠地であったが、同十七日には志筑（同かすみがうら市）に移動している。これは主《あるじ》の小田孝朝が治朝とともに鎌倉で身柄を拘束されていたため、ほとんど戦場にはならなかったからとみられる。そして、同月十九日に山崎（同石岡市山崎）に着き、そして同二十日に岩間に着いた。ここからが本格的な戦闘となっていく。

同年八月二十八日、清義は朝日山《あさひやま》に陣を張った。ここは山号から察するに安国寺《あんこくじ》境内とみられる。その背後は館岸山《たてぎしやま》であり、ここを向城《むかいじろ》とした可能性がある（ただし、現在みられる城郭遺構は戦国時代末期のものという）。つまり、安国寺から館岸山におよぶ一帯に上杉朝宗を中心とする討伐軍の本営が置かれたとみられる。

しかし、以後、九か月余りも膠着状態が続いた。これはおそらく、籠城軍へ内々に兵粮などを補給する勢力がいたのであろう。それが真壁氏か、佐竹氏かは特定できないまでも、討

安国寺◆難台山城をめぐる攻防戦のなかで犬懸上杉氏方の高麗清義が陣を張ったと考えられている。安国寺は臨済禅の道場として栄えた　茨城県笠間市

館岸山遠望◆館岸山（標高 227 メートル、比高 180 メートル）の山頂から中腹一帯が城域となっている。土塁・堀切・切岸など遺構ものこる。難台山城に対して構築した付け城という伝承もある　茨城県笠間市

伐軍の朝宗にとって、そうした支援する勢力の存在も籠城軍以上に脅威であったろう。

戦況が動いたのは、翌嘉慶二年五月になってからである。同年五月十二日、難台山城の切岸《きりぎし》（斜面を削ってつくった人工の崖）の陣取り合戦が起こった。犬懸上杉氏方の総攻撃のひとつであろう。そして、同年五月十八日に難台山城の中枢への攻撃が開始され、高麗清義は一城戸《いちきど》の合戦で奮闘している。これまで占拠した地域の警固を専らとしていただけに、清義にとっては誇るべき戦功とみられる。この攻撃をもって難台山城は落ちたとみられ、知連など主だった籠城軍の諸将は討ち死に、もしくは自害したらしい。それに前後して小山若犬丸は逃亡した。

また、巷説《こうせつ》では、朝宗の要請で佐竹義宣《よしのぶ》・小野崎通郷《みちさと》・江戸通高《みちたか》が討伐軍に加わったことと、城への糧道を断ったことが勝因とされる。ともかく、知連はこれらの勢力が呼応してくれることを狙って、難台山に挙兵したとみられる。そのため、それがあてにならないどころか、敵方と与すれば、もはや籠城は無理であった。実際にも、戦況が動いたとたんにあっけなく落城したのは支援を頼み、期待した勢力から見捨てられたところに要因があるだろう。

嘉慶二年五月二十二日、落城からまもないこの日、孝朝は解放された。小山若犬丸秘匿と

結城戦場物語絵巻◆栃木県立博物館蔵

いう鎌倉府への謀反を考えれば、寛大すぎる氏満の処置である。ともかく、小田氏らにとって、孝朝自身が挙兵しなかったことが幸いした。もちろん、孝朝は無傷ではなかった。まず嫡子の治朝は、しばらく下野の那須資氏《すけうじ》に預けられた。そして、なによりも孝朝の努力でせっかく回復した小田氏の領地が大幅に削減されてしまったのである。

なお、小山若犬丸は秘匿が発覚すると小田氏から離れ、会津《あいづ》に逃亡した。しかし、応永四年（一三九七）に蜂起未遂のまま、同地で自害したという。遺児の宮犬丸《みやいぬまる》と久犬丸《ひさいぬまる》は捕らえられて鎌倉に護送され、六浦《むつら》（横浜市金沢区）の海に生きたまま沈められる、という極刑に処せられたのであった。ここに、名門小山氏は滅亡したのである。

（上）小山若犬丸画像◆栃木県立博物館蔵　（下）小山宮犬丸と若犬丸の墓◆横浜市金沢区

武陽金澤八景略図◆小山宮犬丸と若犬丸が沈められた六浦は、中世には東国有数の港湾都市として栄えた。徐々に都市機能は失われていき、江戸時代には金沢八景として観光名所となっていった　個人蔵

上杉禅秀の挙兵に応じた小田持家・大掾・山入・小栗の諸氏

小田氏の乱以後、存在を大きく輝かせたのは犬懸上杉朝宗であった。実は、小田氏の乱当時の朝宗は上総国守護職ではあるが、鎌倉府内では氏満近臣である以外、これといった役職をもっていなかった。そして、応永十六年（一四〇九）七月、朝宗の隠棲にともなって、その後を継いだのが氏憲《うじのり》である。応永十八年二月九日、山内上杉憲定《のりさだ》は病気を理由に関東管領を辞職するが、代わって氏憲がこれに就任したのである。こうして、関東管領職に山内・犬懸両上杉氏が交互に就任するという暗黙のルールができそうな雰囲気となった。しかし、山内上杉氏としては容認できない事態であり、両家の対立は深まっていった。

一方、氏憲が家督を継いだほぼ同じ頃、同年七月二十二日、鎌倉公方は足利満兼《みつかね》から子の幸王丸《ゆきおうまる》が継いだ。同年十二月には将軍足利義持《よしもち》から一字賜り、持氏《もちうじ》と称した。

応永二十二年（一四一五）四月、氏憲の家来で持氏に仕えていた常陸国住人の越幡六郎《おばたろくろう》が些細なことから持氏の怒りをかって出仕停止、さらに所領没収という重罰をうけた。この越幡氏は、小田氏一族の小幡《おばた》氏とみられる。小幡氏は小田知重の子である光重《みつしげ》が、北郡小幡（茨城県石岡市小幡）に拠点を置いたことにより興ったとされる。そして、小田氏の乱により北郡が小田氏の影響下から離れ、犬懸上杉朝宗・氏憲の支配するところとなると、それにともない犬懸上杉氏の家臣になったという。

さて、家臣小幡六郎への理不尽な処罰に対して、氏憲は持氏への抗議の意志として関東管領の辞職をほのめかした。ところが、持氏はあっさりとその申し出を受託してしまったのである。予想に反した持氏の対応に慌てた氏憲であったが、すでに手遅れであった。この職は山内上杉憲基《のりもと》が就任したのである。

犬懸公方邸旧跡の碑◆憲房の子の憲藤が鎌倉犬懸に住んだので、この流を犬懸上杉氏と称する。憲藤は暦応元年（一三三八）に信濃で戦死し朝房・朝宗が残されたが、のちに両人とも上総守護となった。朝宗が隠退すると、氏憲がその後を継ぎ関東管領となったが、氏憲は足利持氏に叛いて応永二十四年（一四一七）正月十日、子の憲方・憲春らとともに自害し同家も滅亡した　神奈川県鎌倉市

上杉家略系図

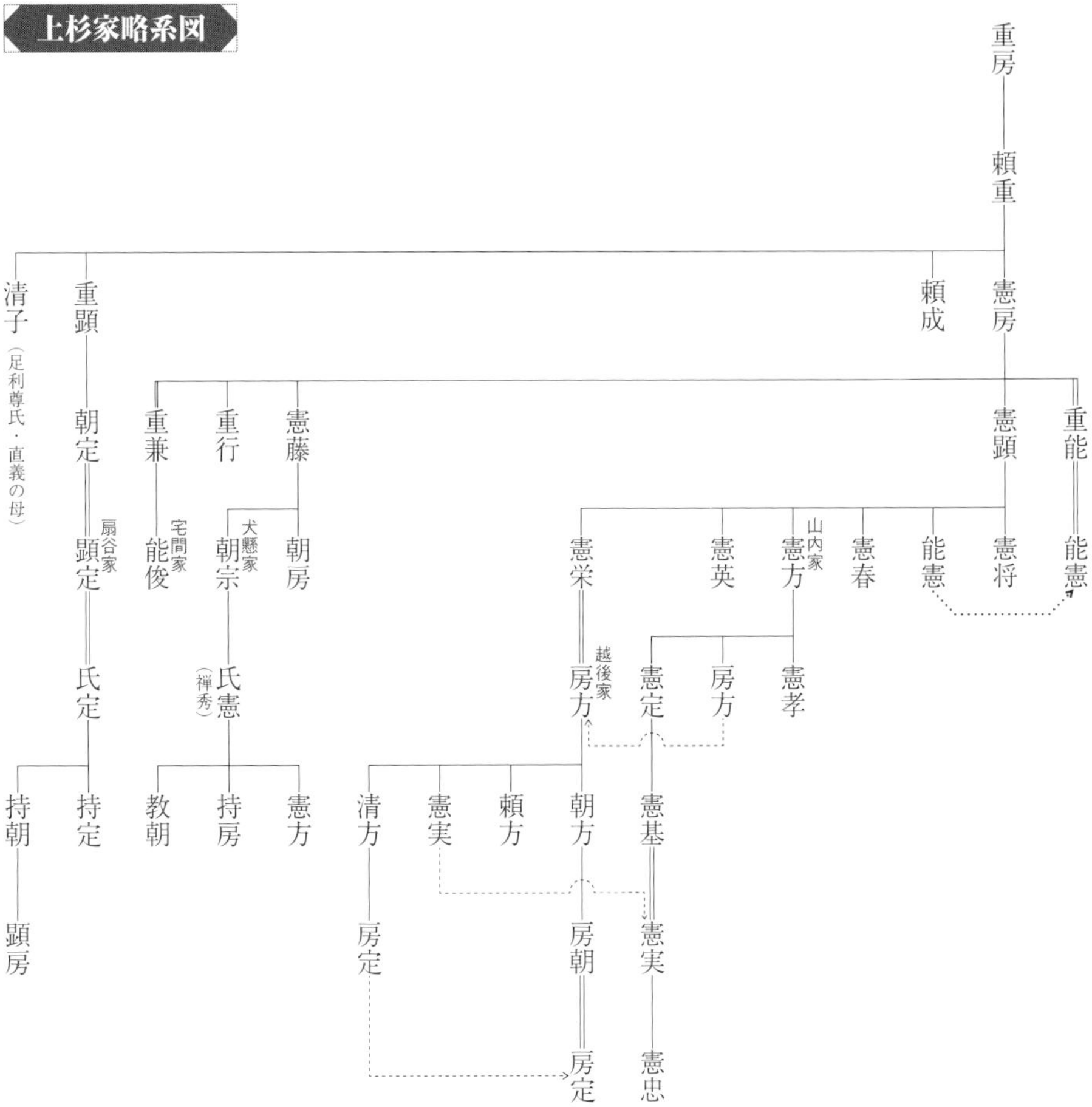

鶴岡八幡宮と段葛（だんかずら）
◆神奈川県鎌倉市

上杉禅秀の乱における対立図

杉山一弥編著『図説 鎌倉府』（戎光祥出版）を一部改変

足利持氏（鎌倉公方）		VS	上杉禅秀	
北関東 小山満泰 宇都宮持綱 佐竹義人（義憲） 鹿島憲幹	山内上杉憲基 扇谷上杉氏定	上杉氏	犬懸上杉氏 只懸上杉憲国 長尾上杉氏	**北関東** 岩松満純 小田持家 佐竹山入与義 大掾満幹 小栗満重 真壁秀幹
南関東 北白旗一揆 三浦高明 結城基光 豊島氏 江戸氏	一色氏 梶原氏 二階堂下総入道	奉公衆	明石氏 木戸氏 二階堂右京亮	
	そのほか 稲村足利満貞 小峰氏 今川氏		そのほか 篠川足利満直 結城白河氏 武田信満	**南関東** 千葉満胤 狩野氏

こうした対立の背景には、鎌倉公方の立場をめぐる足利氏の対立もあった。持氏の叔父にあたる足利満隆《みつたか》とその子（養子）の持仲《もちなか》は、持氏に対する政治的な不満があり、氏憲は両者を支援していた。つまり、鎌倉府内部では、持氏・山内上杉憲基派と満隆・持仲・犬懸上杉氏憲派の対立が生じていたのである。先の越幡六郎への処罰も、真相は両派の対立にあるのだろう。

こうした不安要因を抱えたまま年を越し、応永二十三年（一四一六）十月二日の夜、満隆・氏憲らの軍勢は、持氏の御所を襲撃した。これが上杉禅秀《ぜんしゅう》の乱のはじまりである（禅秀は氏憲の号）。不意を突かれた持氏は憲基邸に逃げ込んだ。勢いに乗った氏憲方は、同月六日に持氏を鎌倉から追放した。なお、憲基は越後国守護の上杉房方《ふさまさ》を頼った。

この乱には関東の諸豪族も両派に分かれて戦った。小田氏は持家《もちいえ》が氏憲方についた。こ

『続英雄百首』に描かれた足利持仲◆足利満兼の次男。足利満隆の養子。応永二十三年（一四一六）、前関東管領上杉禅秀とともに挙兵。兄の四代鎌倉公方足利持氏を鎌倉から追ったが、幕府の援軍に敗れ自害した　当社蔵

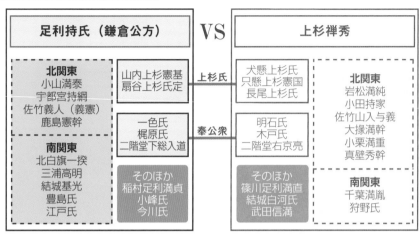

のほか、氏憲に与したのが府中の大掾満幹《みつもと》、佐竹氏では山入与義《やまいりともよし》・稲木義信《いなぎよしのぶ》・額田義亮《ぬかだよしすけ》など、さらには小栗満重《みつしげ》・真壁秀幹《ひでもと》など氏憲の姻族、あるいは持氏に不満を抱く豪族層である。一方、持氏方であったのは、佐竹義人《よしひと》・結城基光《もとみつ》・鹿島憲幹《のりもと》など、鎌倉公方との主従関係を重視する一族の惣領たちであった。佐竹義人（義憲《よしのり》）は、義盛《よしもり》の養嗣子として、応永十五年（一四〇八）に佐竹宗家に入った。実父は関東管領山内上杉憲定である。これに対し、山入与義・祐義《すけよし》父子や額田・長倉《ながくら》氏などの佐竹氏一族は、源氏である佐竹氏へ、上杉氏という藤原氏系の養子が入ることに反発した。義人は足利持氏の支援を受けて、山入氏などとの抗争を続けた。一方の山入氏などは、上杉氏憲、さらには室町幕府の支援を得ていた。南北朝の動乱を経て、繁栄に向かっているとみられた佐竹氏に最大の危機が訪れたのである。

上杉禅秀方に与した大掾氏一族の墓◆茨城県石岡市・平福寺

　ところで、氏憲の襲撃で鎌倉から追放された持氏は、駿河国守護の今川範政《いまがわのりまさ》のもとに逃れた。これで氏憲の謀反が成功したかにみえたが、京都の室町幕府では将軍義持の弟・足利義嗣《よしつぐ》が満隆・氏憲と連携するおそれがあったため、幕府は持氏支持に回った。この幕府の態度により形勢は逆転した。年が明けた応永二十四年（一四一七）正月五日、氏憲は武蔵国世谷原《せやはら》（横浜市瀬谷区）の合戦で持氏方を破るものの、同月九日の山内上杉憲基・佐竹義人との合戦に敗れて鎌倉に逃げ帰ると、同月十日、鎌倉雪《ゆき》ノ下《した》にて満隆・持仲ともども自害した。

上杉禅秀ら戦死者供養塔◆上杉禅秀は応永十八年（一四一一）に関東管領となるも鎌倉公方足利持氏や山内上杉憲基と対立し、管領を辞職。持氏の叔父満隆、千葉氏、岩松氏ら関東の武将と挙兵したが、幕府に支持された持氏に敗れて鎌倉で自害した。なお、この場所には、元弘三年（一三三三）に北条勢と新田勢が由比ヶ浜で戦った際の戦死者も祀られている　神奈川県鎌倉市・報国寺境内

鎌倉府に猛然と反発した小栗満重と佐竹一族

三か月で鎮圧された氏憲の謀反だったが、わずかの期間とはいえ、持氏にとって鎌倉を追われたという屈辱は簡単に癒えるものではなかった。こうした持氏鎌倉追放劇の背景には、なによりも鎌倉公方の権力基盤の弱さがある。弱さの主因は少なからぬ反持氏派の存在だ。

反持氏派には、鎌倉公方の膨張を危険視する京都の室町幕府のからの支持があった。室町幕府としてみれば鎌倉公方の権力基盤の脆弱は望むところである。氏満・満兼など、持氏の先代の鎌倉公方は、いずれも幕府将軍職を虎視眈々《こしたんたん》と狙っていたわけであり、その意志は持氏にも着実に継承された。そのため、室町幕府は反持氏派を京都扶持衆《きょうとふちしゅう》として位置づけて支援したのである。そのため、上杉禅秀の乱で、将軍義持はとりあえず持氏を支持したものの、もし、義持を脅かす義嗣や満隆の存在がなければ、氏憲支持に回っていたかもしれない。

さて、当の持氏だが、禅秀の乱鎮圧直後から、鎌倉公方権力の基盤強化のため、反持氏派の討伐に血道《ちみち》をあげることとなった。まさに屈辱を晴らすかのように追討軍を派遣したのである。応永二十四年（一四一七）二月六日に、討伐軍のために自害した甲斐《かい》国守護の武田信満《たけだのぶみつ》などはその典型である。だが、執拗に抵抗した豪族もいた。京都扶持衆のひとり、小栗城（茨城県筑西市小栗）の小栗満重《みつしげ》である。満重は氏憲に与して持氏と戦い、乱後は所領削減の憂き目にあった。そこで、満重は翌年の応永二十五年六月までに、鎌倉府に対して反乱を起こした。このときの満重の諦めは意外に早く、およそ年内にいったんは降伏しているようである。

他方、反持氏派の反発は佐竹氏内部からも挙がった。宗家の佐竹義人に反発した山入与義・長倉義景《よしかげ》・額田義亮などである。とくに、義亮は応永二十八年（一四二一）に額田城（茨城

小栗城跡遠望◆小栗満重が拠点とした城郭で乱の舞台となった。満重の「満」は鎌倉公方足利氏満からの偏諱とされるが、鎌倉府に反抗する武家であった　茨城県筑西市

県那珂市額田郡）に立て籠もり、義人などが攻略にあたった。額田城での籠城戦は翌二十九年まで続いたが、同じく二十九年八月までに、またしても小栗満重は反乱を起こした。今度は宇都宮持綱《もちつな》までも満重に加勢するかたちで挙兵している。

応永二十九年は北関東にて、多発的に反持氏派が反乱を起こしたのであった。翌年の応永三十年（一四二三）五月、反乱の長期化を懸念した持氏は自ら軍勢を率いて、小栗討伐に向かった。そして、同年八月二日に小栗城を落としている。

小栗城空堀跡◆標高 93 メートル、頂上は東西 120 メートル、南北 100 メートルの規模をもち、濠・土塁を残す。この南方約 2 キロの地点に、小貝川を水濠とする小栗平城があったが、城跡は現存しない　茨城県筑西市

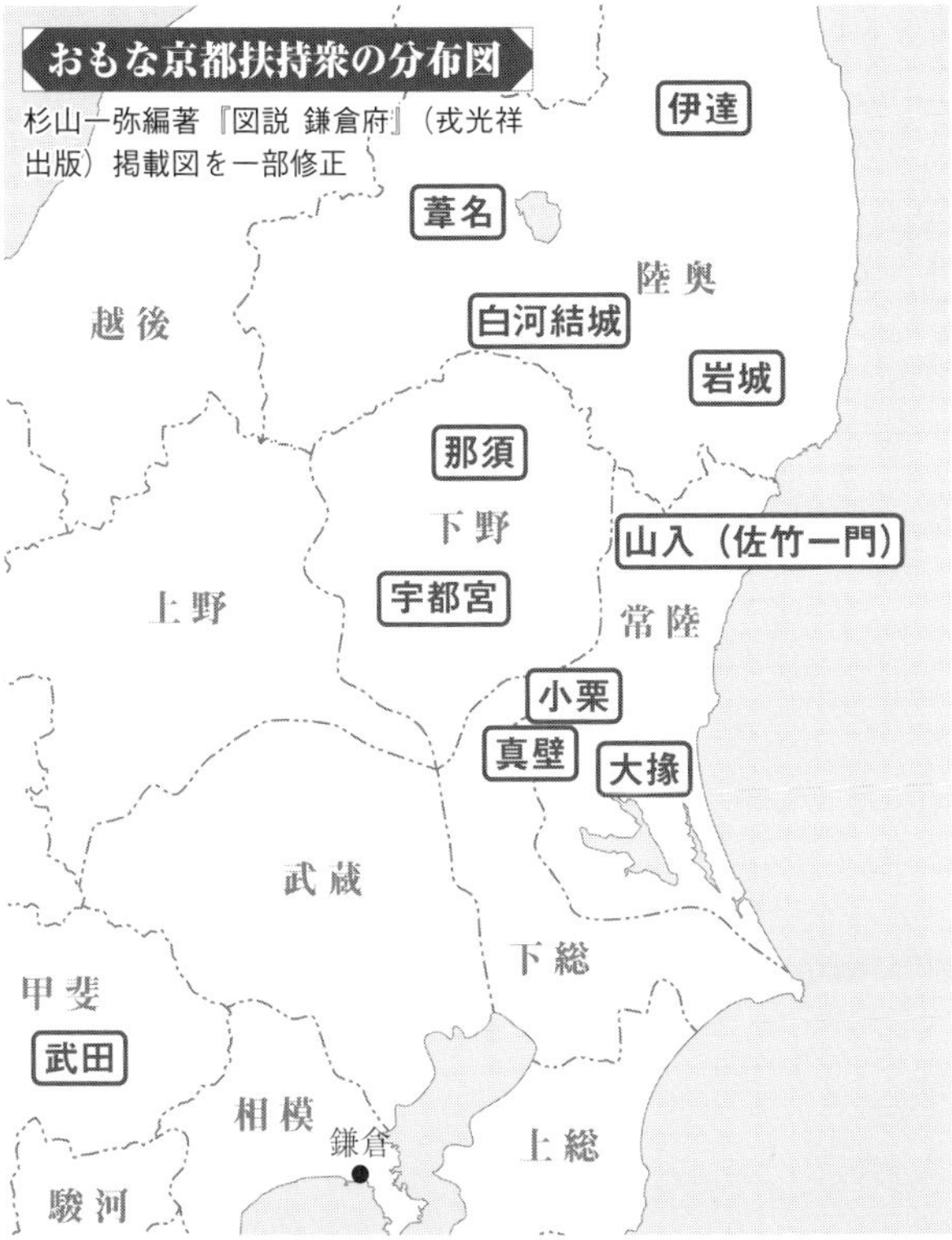

京都扶持衆とは、東国武家のなかで室町幕府と主従関係を結んだ者たちを示す学術用語である。常陸の小栗氏・大掾氏・真壁氏、下野の宇都宮氏・那須氏、南奥の伊達氏・白河結城氏らが名を連ねた

小栗満重の行く末と説経『小栗判官』ものがたり

小栗城を攻略された満重は、『喜連川判鑑《きつれがわはんかがみ》』などでは、落城とともに自害したとされる。しかし、室町時代の関東の情勢を著した『鎌倉大草紙《かまくらおおぞうし》』によると、満重は生き延びて三河国に落ちていった、とある。若干、その箇所を要約して示してみたい。

満重は家臣とともに、三河国を目指して落ちていったが、相模国権現堂という宿で、盗《とう》賊《ぞく》の屋敷に泊まった。盗賊は満重の所持金を狙い、毒入りの酒を飲ませて、それを奪う計画を立てた。そして、宿の遊女《ゆうじょ》たちを集めて宴《うたげ》を催したが、遊女のひとり「てる姫」は、毒入り酒を察知して、満重に飲まないよう告げた。家臣たちは飲んでしまい、倒れてしまったが、満重は「てる姫」の指図で盗賊の屋敷を抜け出し、林のなかにつながれた馬に乗り、藤沢の道場へと逃げ込んだ。そして、道場の時衆にともなわれて三河国に送られていった。他方、満重を逃がした「てる姫」は、その咎で盗賊に川に放り込まれたが、自力で這い上がり助かった。満重は永享のころに三河国より戻り、「てる姫」を訪ね、あわせて自身を毒殺しようとした盗賊を討ち果たした。二人は結ばれ、その子孫たちは三河国で暮らしたという。

これが、近世に至るまでに大きく変容し、説経『小栗判官《おぐりはんがん》』となっていく。

小栗判官は京都の貴族の子で、大蛇《だいじゃ》と契った咎で常陸国に流される。武蔵・相模の郡代である横山大膳《だいぜん》の娘、照手姫を強引に娶ろうとして、十人の家来とともに、毒殺される。家来は火葬されたが、小栗は土葬であったため、閻魔大王《えんまだいおう》の計らいで、地上に戻される。

しかし、小栗は目も見えず、口もきけず、歩くこともままならない重病の身となっていた。

これを見た藤沢の上人は、小栗に「餓鬼阿弥陀仏《がきあみだぶつ》」という阿弥号を与え、土車《どしゃ》に乗せて、

照手姫の水汲みの井戸◆岐阜県大垣市

小栗判官照手姫対面の図◆国立国会図書館蔵

熊野本宮《くまのほんぐう》、湯の峯の湯の霊力で治療させようとした。そこで、「この者を一引き引いたは千僧供養《せんそうくよう》、二引き引いたは万僧供養《まんそうくよう》」という札を付けた。土車は、見知らぬ人びとのリレーによって熊野へと送られた。一方、照手は世間体を気にした大膳によって川に流された。運良く助かったものの、六浦の商人に売られ、さらに転々とした果てに、美濃国青墓宿《あおはかのしゅく》（岐阜県大垣市）の「よろず屋」に引き取られた。ここで照手は常陸小萩と名乗り、水汲みなど厳しい重労働を課せられた。ちょうど、青墓宿に「餓鬼阿弥陀仏」の土車が着いた。照手はわずかな暇《いとま》をもらうと、相手が小栗判官とも知らず土車を引いた。そして、暇の期限もあるため泣く泣く戻った。その後も土車は引かれ、熊野本宮湯の峯の麓からは、山伏に背負われて、湯の峯の湯治場にたどり着いた。ここで、四十九日間の湯治を経て、ようやく快復したのである。その後の小栗判官は京都に戻り、帝《みかど》より数か国を与えられ、さらに青墓宿にて照手と再会を果たした。二人は結

（右）熊野本宮大社◆和歌山県田辺市

熊野本宮湯の峰温泉◆和歌山県田辺市　写真提供：熊野本宮観光協会

小栗満重と家臣の供養塔◆悲運の死を遂げた父満重と家臣の霊を弔うため、小栗助重が嘉吉2年（1442）頃に菩提寺である太陽寺の境内に九層の多層塔と五輪塔を建立したという伝承がある　茨城県筑西市

ばれ、小栗は八十三歳で往生を遂げた。そして、神仏は小栗を讃えて、美濃国安八《あんぱち》郡墨俣《すのまた》の正八幡《しょうはちまん》神社の、照手は結《むすぶ》神社の祭神として祀られた。

『鎌倉大草紙』とは、かなり異なる内容である。そのなかで大きな特徴は、小栗がいったん亡くなり、時衆と熊野権現の力で蘇生するところであろう。熊野は本宮・新宮・那智の三山からなり、全国に御師《おし》を派遣して、熊野の霊験《れいげん》を説き、信者を熊野に誘った。また、時衆（時宗）にとって、開祖の一遍智真《いっぺんちしん》が、熊野本宮にて阿弥陀如来の教えの真実を掴んだことから、熊野は特別の地であった。この時衆も遊行上人が諸国を廻って教えを説いている。こうした特徴は、熊野の御師と共通するのである。

そうした視点から、小栗満重の本拠地である常陸国小栗御厨《みくりや》をみてみたい。ここはその名の通り、伊勢神宮の御厨（神饌《しんせん》を調進するための領地）である。小栗氏は基本的にはこの御厨の地頭であった。小栗地内の内外大神宮がその象徴である。そして、伊勢神宮にも御師がおり、やはり諸国を廻って信者に伊勢神宮の神徳を説き、伊勢への参拝を募った。また、一向派の寺院である一向寺・西光寺《さいこうじ》（現浄土宗）も所在する。一向派は開祖である一向俊聖《しゅんしょう》が、一遍とほぼ同時代に、やはり諸国を廻って阿弥陀如来の救いを説いたのである。

大斎原（おおゆのはら）◆熊野本宮大社は、明治二十二年（一八八九）の大水害で流される前まで、現在地より五〇〇mほど離れた熊野川・音無川・岩田川の合流点にある中州・大斎原に鎮座していた。ここは熊野の神が降臨した地と伝え、かつての熊野詣での上皇・貴人や一遍上人が訪れた場所でもある　和歌山県田辺市

奈良西大寺の真言律宗も小栗の地に及んでいる。小栗地内の寺山《てらやま》遺跡は、小栗氏の氏寺と考えられる寺院跡であるが、そこからは三村山清冷院極楽寺（茨城県つくば市小田に旧在）と同じ瓦が出土している。

さらに、小栗周辺にも注目すべき宗教空間がある。小栗の北側、小貝川の対岸は栃木県真岡市であるが、その高田《たかだ》（大内荘高田）の地には浄土真宗の宗祖親鸞の弟子である真仏《しんぶつ》・顕智《けんち》が開いた専修寺《せんじゅじ》がある。ここは真宗高田門徒の拠点であり、中世の門徒のなかには、「高田まいり」として諸国から専修寺を訪れる者も少なくなかった。そして、高田派の特徴として、善光寺《ぜんこうじ》信仰との融合がある。専修寺は親鸞が信濃国の善光寺の一光三尊阿弥陀如来を感得《かんとく》して本尊として創建したと伝えられる。そうした善光寺信仰を広めた聖《ひじり》（後世の善光寺聖）の往来も考えられる。

そして、小栗の西側、やはり小貝川の対岸に位置する茨城県筑西市川澄《かわすみ》には、川澄くまんどう遺跡が存在する。「くまんどう」は熊野堂の転訛《てんか》であり、かつて熊野系の御正体《みしょうたい》（懸仏《かけぼとけ》）が出土したり、寺山遺跡と同じく律宗系の瓦も確認されている。中世の川澄は伊佐郡に属したが、ここを支配したのが小栗氏の一族である川澄氏だ。また、小栗地内にも熊

小栗判官像（右）・照手姫像（左）◆面相から小栗判官像は比丘（男僧）像、照手姫像は比丘尼（尼僧）像とわかる。室町時代の制作と考えられ、どちらも跏坐している　茨城県茨城町・円福寺蔵

くまんどう遺跡◆茨城県筑西市川澄

くまんどう遺跡から出土した瓦◆筑西市・あぜみち考古館蔵

小栗判官まつり◆写真提供：茨城県筑西市

野神社があり、文明十八年（一四八六）六月、聖護院道《しょうごいんどう》興《こう》は小栗に寄ったが、その様子を『廻国雑記《かいこくざっき》』のなかで「常陸国にいたりぬ。小栗といへる所に、熊野神社おはしましけり。法施《ほうせ》の序によみて奉《たてまつ》る。たちそひて、守る心の、道なれや、いづくに来ても、みくまの（三熊野）の神」と記している。このように、中世の小栗御厨は、伊勢神宮領を基調としながらも、その内と周辺には、熊野信仰・一向派・真宗高田門徒・真言律宗など、遠隔地からの、さまざまな宗教が及んでおり、それに基づいて諸国を巡る僧俗の往来もさかんであったらしい。

応永三十年八月二日、小栗城は足利持氏の攻略によって落ち、小栗満重も生死は別として没落した。さらに、敵味方に関わりなく多くの兵も討ち死にしたことは想像に難くない。そうした悲惨なありさまを、これら宗教者たちも間近に見たであろう。それらは宗教的ルートにて各地に広まった。とりわけ、熊野系の人びとは時衆との関わりもとおして、ひとつの物語を紡ぎ出した。それが、時代を経て説経『小栗判官』として結実していくのである。悲惨な死があっても、それを乗り越えて再生しようとする生命の強さ、そのテーマは近世になると、説経節はもとより、浄瑠璃《じょうるり》・歌舞伎《かぶき》、あるいは絵巻・錦絵の重要な題材になっていった。それは今日にも受け継がれている。

さらに、地方版の小栗判官も現れた。そのひとつが、茨城郡鳥羽田《とっぱだ》村（茨城県茨城町鳥羽田）・八幡神社（現在の鹿島神社）の本地語りとしての小栗伝承である。同地にあった龍含寺《りゅうがんじ》の僧・尼僧像（現同地の円福寺所蔵）が、近世になって、小栗判官・照手姫に仮託《かたく》されたのである。

小栗判官墓所◆茨城県茨城町

（左）結城戦場物語絵巻◆栃木県立博物館蔵

永享の乱―足利持氏父子の死と鎌倉府崩壊

小栗満重の乱など、再三にわたって反持氏派を討伐していた持氏に対して、室町幕府は警戒心をみせていた。そうしたなか、持氏も氏満・満兼以来の幕府将軍職への野望を募らせていた。しかし、持氏の期待は大きく裏切られた。正長《しょうちょう》元年（一四二八）正月十八日、義持は亡くなるが、その前日に将軍職は義持の弟である天台座主《てんだいざす》義円《ぎえん》、つまり還俗後の義教《よしのり》に決まってしまったのである。

それ以降の持氏は、室町幕府への反発が肥大化していった。義教も時として、そうした持氏を挑発に出ている。それが永享《えいきょう》四年（一四三二）九月十日からの富士遊覧であった。同年九月十八日に義教は駿府に到着し、駿河国守護職の今川範政の歓待を受けている。こうしたこともあってか、ついに持氏は義教を怨敵《おんてき》とまで言い放っている。関東管領の山内上杉憲実《のりざね》は、持氏の身を思い、過激な態度を何度も諫めてきた。しかし、永享十年（一四三八）、ついに破綻が訪れた。この年の六月、持氏は子の賢王丸《けんおうまる》の元服に際して、幕府将軍の一字を賜るという先例を無視して、勝手に「義久《よしひさ》」と改めてしまった。

憲実は当然ながら持氏を諫めたが、とりあってもらえなかった。家臣としての限界を感じた憲実は、同年八月十四日に

足利義教画像◆足利義満の子。兄義持の死後、くじにより後継者にえらばれ、還俗して将軍となる。宿老との合議制をとったが、しだいに将軍専制をめざすようになり、不安をもった播磨守護赤松満祐にはかられ殺された（嘉吉の乱）　東京大学史料編纂所蔵

鎌倉から逃れると、守護国である上野国に退去したのである。持氏はこの態度を謀反ととり、同年八月十六日に鎌倉を経ち、武蔵国府に近い高安寺《こうあんじ》に憲実追討軍を集結させた。

　持氏の憲実討伐はそのまま幕府への謀反となった。同年八月二十二日、京都より上杉教朝《のりとも》を大将とする幕府追討軍が関東に差し向けられたのである。同年九月末から十月にかけて上野国方面、あるいは相模国箱根で、憲実軍・幕府追討軍と持氏軍との間で合戦が繰り広げられたが、持氏軍では寝返る者も続出していた。同年十一月二日に山内上杉家の執事《しつじ》である長尾忠政《ながおただまさ》に導かれるかたちで持氏は鎌倉に入り、同月十一日に鎌倉二階堂《にかいどう》の永安寺《ようあんじ》に留められ、ここで憲実の監視下に置かれたのである。

　この間、憲実は持氏の助命嘆願を幕府に繰り返したが、それは叶わなかった。そして、永享十一年（一四三九）二月十日、義教の厳命により、憲実は持氏のいる永安寺を攻めた。持氏は寺に火を放つと切腹して果てたのである。同年二月二十八日には、息子の義久も鎌倉の報国寺《ほうこくじ》で自刃しているが、その三名の弟たちは、持氏遺臣たちに守られながら、鎌倉を脱出した。持氏・義久父子の自害で、永享の乱はとりあえず終結したが、三名の遺児たちの存在は、その後の時代にさらに大きな影響を与えることになるのである。

永安寺跡◆神奈川県鎌倉市

（上）『結城戦場物語絵巻』に描かれた自害直前の足利持氏◆永享の乱を起こした足利持氏は、劣勢となったことで長尾忠政の降伏勧告に従い鎌倉に入り、武蔵国金沢の称名寺で剃髪し、永安寺に移った。上杉憲実は持氏父子の助命を将軍義教に嘆願したが義教はこれを許さず、持氏父子とその従臣らは自殺した　栃木県立博物館蔵

（左）足利義久の墓塔（中央の大塔）◆鎌倉特有のやぐらの中にある　神奈川県鎌倉市・報国寺

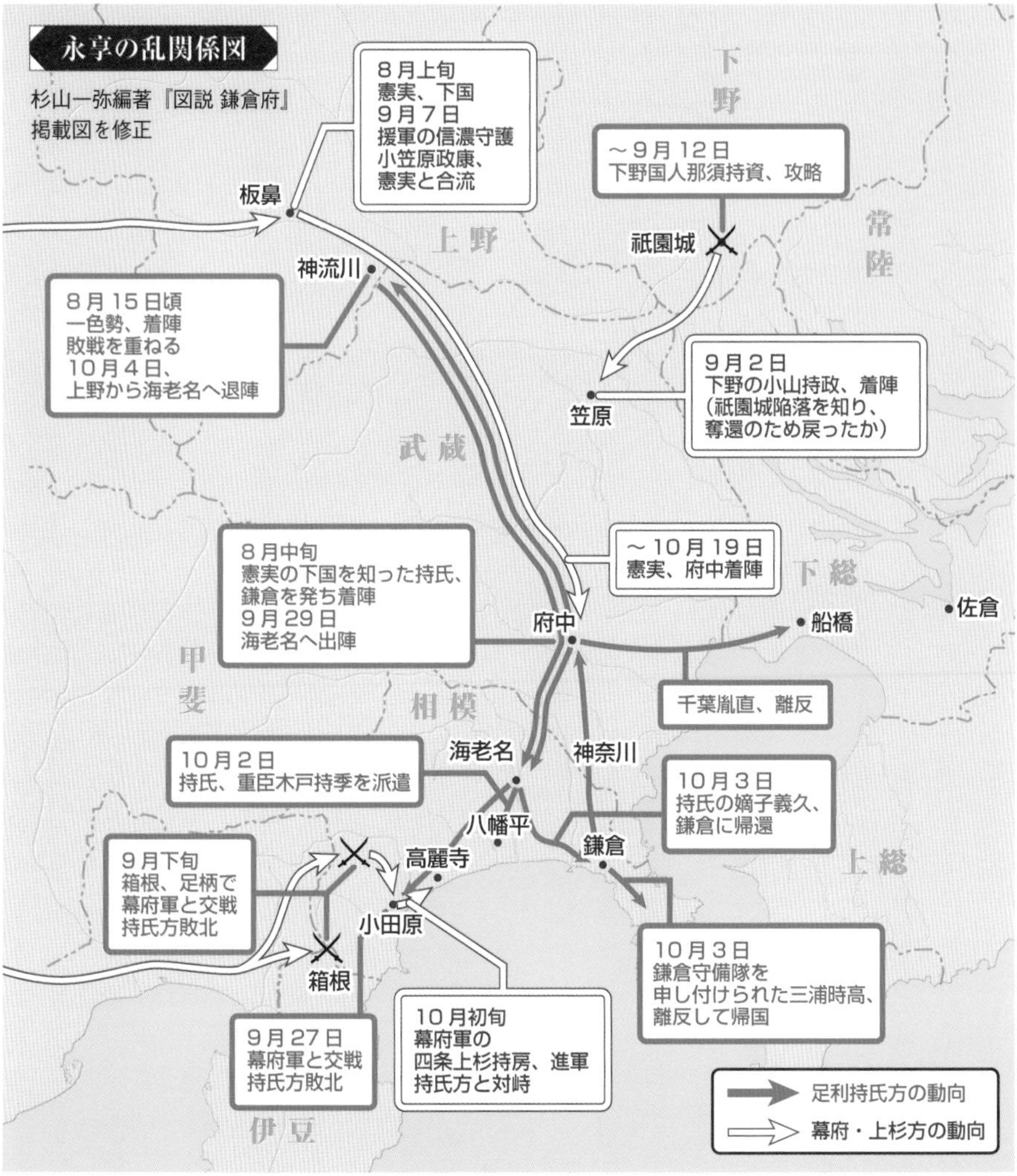

永享の乱関係図
杉山一弥編著『図説 鎌倉府』
掲載図を修正
8月上旬
憲実、下国
9月7日
援軍の信濃守護
小笠原政康、
憲実と合流
下野
～9月12日
下野国人那須持資、攻略
板鼻
上野
祇園城
常陸
神流川
8月15日頃
一色勢、着陣
敗戦を重ねる
10月4日、
上野から海老名へ退陣
9月2日
下野の小山持政、着陣
（祇園城陥落を知り、
奪還のため戻ったか）
笠原
武蔵
8月中旬
憲実の下国を知った持氏、
鎌倉を発ち着陣
9月29日
海老名へ出陣
～10月19日
憲実、府中着陣
下総
佐倉
府中
船橋
甲斐
相模
千葉胤直、離反
10月2日
持氏、重臣木戸持季を派遣
海老名
神奈川
10月3日
持氏の嫡子義久、
鎌倉に帰還
八幡平
鎌倉
高麗寺
9月下旬
箱根、足柄で
幕府軍と交戦
持氏方敗北
上総
小田原
箱根
10月3日
鎌倉守備隊を
申し付けられた三浦時高、
離反して帰国
9月27日
幕府軍と交戦
持氏方敗北
10月初旬
幕府軍の
四条上杉持房、進軍
持氏方と対峙
足利持氏方の動向
幕府・上杉方の動向
伊豆

公方足利一族が壮絶な最期を迎えた結城合戦

鎌倉を脱出し、日光・鹿島（あるいは行方）と居場所を転々とした持氏の遺児である安王丸《やすおうまる》一行は永享十二年（一四四〇）三月、ついに常陸国中郡荘の橋本《はしもと》城（茨城県桜川市上城）で挙兵した。前述したように、同荘は藤原氏によって立荘され、承久の乱を経て鎌倉幕府御家人である安達氏の領となり、さらに霜月騒動で安達氏が没落すると北条氏の支配下に置かれ、鎌倉幕府滅亡にともない足利尊氏の治めるところとなった。それ以後は、鎌倉府の御料所《ごりょうしょ》となっていたらしい。

そこからの安王丸一行の行動は、享徳四年（一四五五）に記した筑波潤朝《じゅんちょう》の軍忠状に詳しい。この文書では潤朝の父である筑波玄朝《げんちょう》が安王丸に加勢したことが記される。それによると永享十二年三月四日、安王丸が中郡荘の木所城で挙兵すると（潤朝は橋本城挙兵としない）、玄朝は同月十三日に安王丸のもとに馳せ参じた。そして、同日中に小栗御厨に進み、同月十八日に伊佐郡、同日中に結城城に入ったという。現在の国道五〇号線を西に進むかたちである。そして木所城で挙兵、さらに小栗・伊佐などを経て結城城入城まで五日間もの日程をかけての移動、こうした一連の行為は、反幕府・反山内上杉氏の勢力を募る一種のデモンストレーションであった。

さらに、結城に入城した安王丸たちは、同年五月には小山持政《もちまさ》の拠る祇園城を攻めた。こうした行動から、のちの結城城での籠城が当初からの目的ではなかった（籠城せざるをえなかった）という説が前川辰徳氏より出されている。安王丸たちの入城により、代わって歴史の前面に出ることとなったのが城主の結城氏朝《うじとも》である。関東管領上杉氏を含む、室町幕府を敵にまわす戦いに入り込んでしまったのである。かつて公方として仰いだ持氏の遺児に頼ま

（右）安王丸一行が挙兵したという橋本城跡◆茨城県桜川市
（左）結城合戦に際し、安王丸が願文を捧げたという鴨大神御子神主神社◆茨城県桜川市

足利安王丸・春王丸木像◆安王丸と春王丸は結城氏朝をたより下総結城城にはいるが、幕府軍に攻められ落城（結城合戦）。捕らえられ京都におくられる途中、美濃垂井で殺された　岐阜県垂井町・金蓮寺蔵

れたからには無条件にそれを承諾する、という武士としての倫理観がある。まさに〝義〟の世界であった。

しかし、それだけではない。武士として、守らなくてはならない〝家〟という問題もある。直光《なおみつ》・基光《もとみつ》の二代にかけて大きく発展してきた結城氏宗家の跡を継いだ氏朝としては、少なくともそれを固く維持し、よしんばさらに飛躍させなくてはならない。同族の小山氏が実家とはいえ、他家からの養子の身には家臣たちの目が厳しい。重責どころか、とてつもないプレッシャーになったことだろう。

そこで、氏朝は、①持氏の遺児を奉じて旧持氏派を結集させる、②少なくとも関東管領山内上杉氏（持氏を討った張本人）は打倒する、③室町幕府とは和睦に持ち込み、持氏の遺児をもって鎌倉公方の再興を約束させる、という大まかな計画は描いたことだろう。それにより、鎌倉公方の公権をもって結城氏の立場も強

関城跡からみた筑波山◆安王丸に味方した筑波潤朝は筑波山中禅寺の別当を務めた筑波玄朝の子である　茨城県筑西市

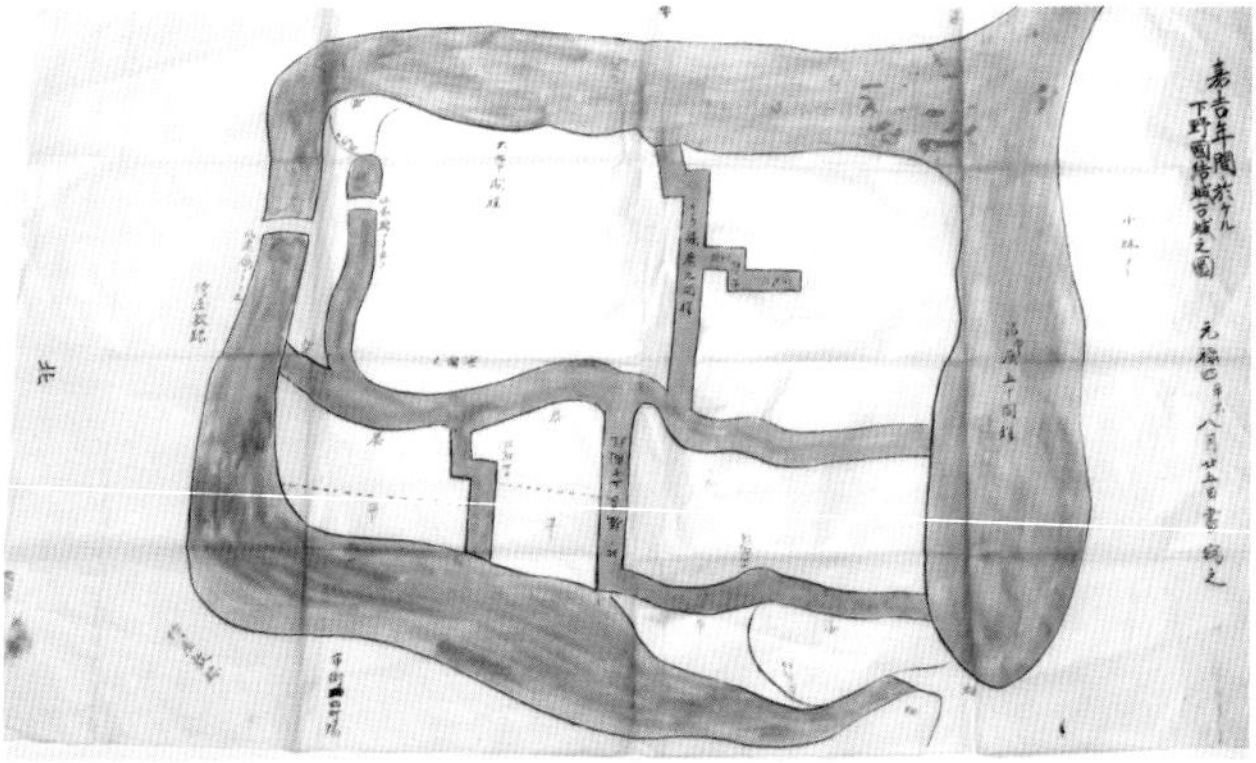

結城古城図◆嘉吉年間の結城城の古図を元禄４年（1691）に写したと記される絵図。実際には明治時代に模写されたらしいが、空堀で仕切られた場内の郭や田川から導水した幅広の堀など当時の様相をよく伝える　個人蔵

化したい、との思いもあったとみられる。

もちろん、氏朝にとって、①に賛同する多くの武士の参加がなによりも不可欠であった。安王丸一行の結城城への入城、そして氏朝の挙兵により、実際にも旧持氏派の武士たちが結城城に集結したのである。まず、宇都宮等綱《ともつな》・小山広朝《ひろとも》・那須資重《すけしげ》など下野国の武士たちである。そこに、上野国の岩松持国《いわまつもちくに》（新田一族）、桃井憲《もものいのり》義《よし》（足利一族）、常陸国では筑波潤朝、そして信濃国の大井《おおい》持光《もちみつ》などである。彼らは、それぞれの本宗家ではない。本宗家はおおむね室町幕府方となった。つまり、彼らは一族を割って氏朝に賛同したのである。ここにそれぞれの一族の内紛が垣間見える。結城合戦は氏朝の義挙だけでなく、関東の武士たちの本宗家と庶子たちとの抗争でもあった。

一方、安王丸の挙兵、そして氏朝たちの籠城の報は、ほどなく京都の室町幕府にも届いた。永享十二年四月二日、上杉憲実の弟の清方《きよまさ》は幕府から結城への出陣を命じられ、同月十九日に鎌倉を発った。出陣に先立って、同年四月八日には憲実も鎌倉に戻った。

この上杉清方が攻城軍の中心であった。同年七月末、清方は結城に入り、ここから本格的な攻城戦が開始するのである。しかし、結城城は規模的に広大な城で、田《た》川などの水利を活

結城城跡◆鬼怒川・田川によって形成された沖積低地西の標高四十二メートルの島状台地上に築かれた天然の要害。北と東は半円形に蛇行する田川に取り囲まれている。南北朝期以降に結城氏が築城したと考えられる。本丸はすでに土取りされて跡形もなくなっているが、西館と本丸の結接点にあった十二天曲輪はある程度残っており、十二天社が鎮座している　茨城県結城市

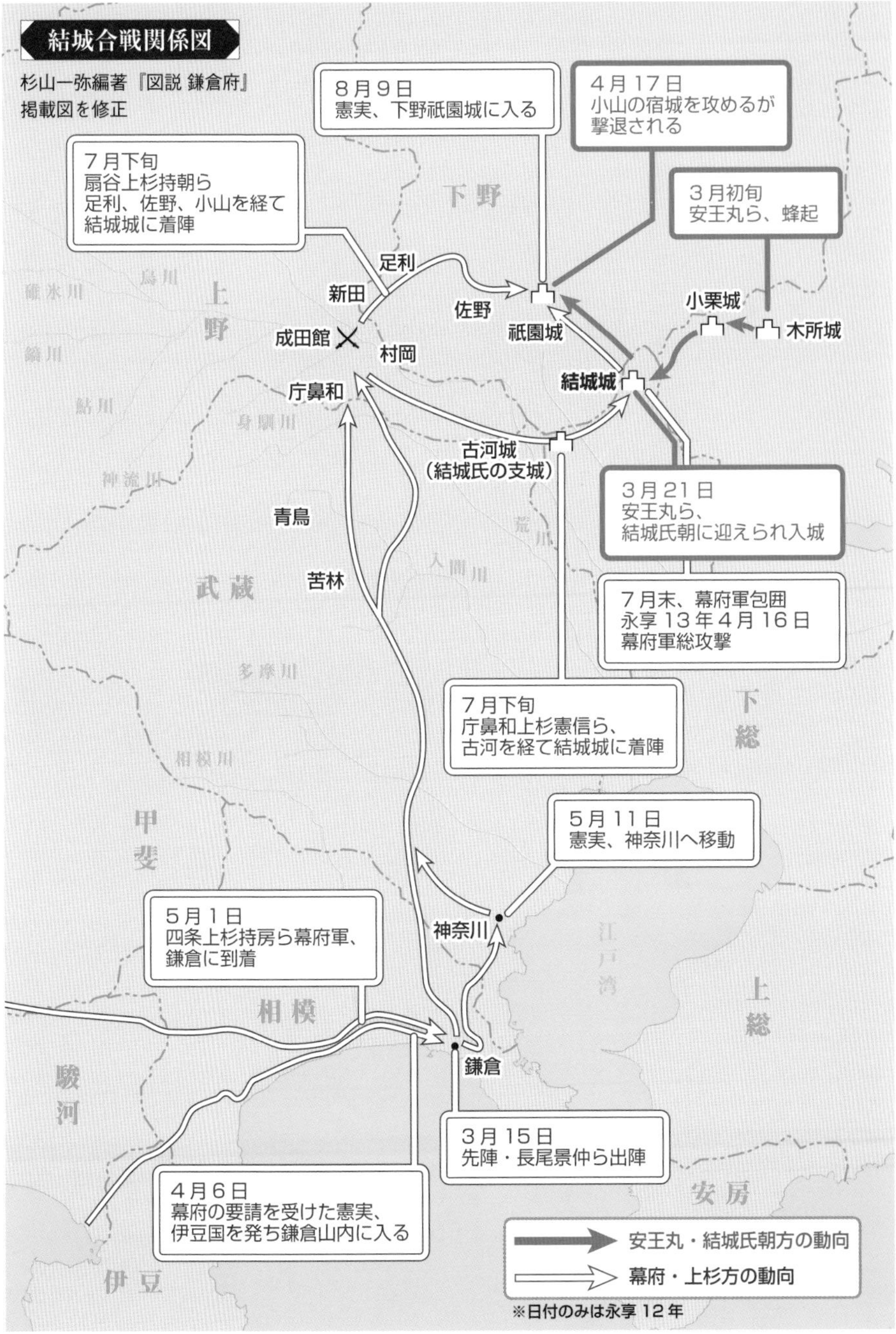
8月9日
憲実、下野祇園城に入る
4月17日
小山の宿城を攻めるが
撃退される
7月下旬
扇谷上杉持朝ら
足利、佐野、小山を経て
結城城に着陣
3月初旬
安王丸ら、蜂起
下野
上野
足利
新田
佐野
祇園城
小栗城
木所城
成田館
村岡
結城城
庁鼻和
古河城
（結城氏の支城）
3月21日
安王丸ら、
結城氏朝に迎えられ入城
青鳥
苦林
武蔵
7月末、幕府軍包囲
永享13年4月16日
幕府軍総攻撃
7月下旬
庁鼻和上杉憲信ら、
古河を経て結城城に着陣
下総
5月11日
憲実、神奈川へ移動
甲斐
5月1日
四条上杉持房ら幕府軍、
鎌倉に到着
神奈川
江戸湾
相模
上総
駿河
鎌倉
3月15日
先陣・長尾景仲ら出陣
4月6日
幕府の要請を受けた憲実、
伊豆国を発ち鎌倉山内に入る
安房
伊豆
安王丸・結城氏朝方の動向
幕府・上杉方の動向
※日付のみは永享12年

結城合戦関係図

杉山一弥編著『図説 鎌倉府』
掲載図を修正

かした堀構えがあり、攻城軍は容易に近づけなかった。そのため実際の戦闘となると時折、城から打って出る氏朝方籠城軍との間に小競り合いが起こる程度であり、持久戦にもつれ込んでいったのである。

　籠城から五か月が過ぎた、永享十二年九月になると、いまだに落ちない結城城に対して、室町幕府将軍足利義教も苛立ちはじめた。同年九月八日、義教が攻城軍のひとりである仙《せん》波《ば》常陸介《ひたちのすけ》に宛てて、結城城攻撃に対してもろもろの要求を申し送っているのは、そうした苛立ちの表れである。また同年九月十七日には、小山持政に対し早急に諸将と協力して一日も早く攻め落とせ、と命じるのであった。しかし、攻城軍の将兵も多くが国外から、しかも装備は自弁《じべん》にて遠路はるばるやってくるわけである。城攻めが長期化すればするほど士気は低下し、食糧など物資の消耗も酷くなった。指揮官の許可なく国元に帰ってしまう者が続出する事態となった。

　それは籠城軍も同じである。籠城軍のひと

結城合戦絵詞◆結城合戦を題材とした軍記絵　国立歴史民俗博物館蔵

結城戦場物語絵巻◆結城氏朝の自害を描く　栃木県立博物館蔵

りにして氏朝の弟である山川氏義《やまかわうじよし》が心変わりをして結城城を抜け出し、攻城軍に降ってしまう。少しずつではあるが、形勢は攻城軍に有利となっていった。同年十一月十五日の少し前、攻城軍は上杉清方を中心に軍議を開き、今後の攻略方針を話し合った。九月以来のたび重なる将軍義教からの攻略命令に対して、いいかげん先延ばしができなくなったのである。しかし、妙案は出なかった。

　年が改まった永享十三年（一四四一）元旦、籠城軍が結城城より打ち出して攻城軍と終日、合戦に及んだこともあったが、それ以外は膠着したままであった。だが、改元された嘉吉元年（一四四一）四月十六日、この日が最後の合戦となった。同日辰の刻（午前八時）、攻城軍は結城城に向けて総攻撃をしかけた。籠城軍も果敢に打って出た。城の櫓《やぐら》には火が放たれ、その煙のなか、城内では激戦が終日続けられたのである。籠城軍はこれ以上の抗戦は無理と悟り、氏朝は安王丸・春王丸《しゅんおうまる》を女装させて城から脱出する女房たちのなかに紛れ込ませた。しかし、当初より察知していた攻城軍に二人は発見され、捕らえられてしまったのである。これをみた氏朝は自害するのを中断し、清方の拠る攻城軍の本営「さじき塚」まで、決死の突撃を敢行した。しかし、氏朝たちは清方を守る近習に行く手を遮られたため、氏朝はやむなく「さじき塚」に駆け上がると、そこで切腹して果てたという。氏朝の首は、同年五月三日に京都に到着し、翌四日に将軍義教はこれを実検、同月九日には六条河原にてさらされた。

　一方、捕らわれた安王丸・春王丸は同年四月下旬に結城を出発して、五月上旬に鎌倉に着くが、そのまま京都に向けて送られた。しかし、二人は生きて京都にたどり着けなかった。同年五月十六日、つまり結城城の落城からちょうど一か月目にあたるこの日、義教の命によって、二名は美濃国垂井宿《たるいじゅく》（岐阜県垂井町）の金蓮寺《こんれんじ》で斬首となり、首だけが京都に送られたのである。ともに十代前半という、あまりも若い命が散ったのであった。

さじき塚◆結城氏朝は「さじき塚」にあがって腹を十文字に切り、壮絶な死を遂げたという　茨城県結城市

結城氏朝の墓◆氏朝は幕府方に対して善戦したが、嘉吉元年（1441）4月の総攻撃により結城城は炎上、氏朝は自害した　茨城県結城市

この悲惨な出来事も、文芸作品となった。『結城戦場記《ゆうきせんじょうき》』『結城《ゆうき》戦場別記《せんじょうべっき》』、それらをまとめた『結城戦場物語《ゆうきせんじょうものがたり》』（『結城軍物語《ゆうきぐんものがたり》』）などである。戦記物の体裁をとりながら、春王丸・安王丸の最期に力点が置かれており、そこには、小栗判官と同様に時衆の深い関与が指摘される。ともかく、安王丸たちの挙兵から一年以上続いた結城合戦は終結した。永享の乱の余波とみるには、長すぎる戦いであった。

同年六月二十四日、将軍足利義教は側近である赤松満祐《あかまつみつすけ》から自邸に招かれた。結城合戦の戦勝祝宴という触れ込みであったが、これは将軍暗殺の口実であった。酒席に乱入してきた甲冑武者たちに、義教は首を跳ねられたのである。赤松満祐の謀反、つまり嘉吉《かきつ》の乱《らん》の勃発であった。

それにしても、あっけない義教の最期であった。この報を聞いた伏見宮貞成親王《ふしみのみやさだふさしんのう》は、その日記『看聞日記《かんもんにっき》』のなかで、「自業自得の果て、無力のことか。将軍のかくのごとき犬死に、古来その例を聞かざることなり」と冷たく言い放っている。将軍暗殺という未曾有《みぞう》の事件は、室町幕府の斜陽を白日の下に晒す結果となった。すでに幕府内では下剋上が始まっていたのである。戦国時代はすぐそこに迫っていた。

足利安王丸・春王丸の墓◆ふたりが処刑された金蓮寺から少し離れた場所にある　岐阜県垂井町

将軍足利義教の首塚◆兵庫県加東市

第二部 ● 常陸武士の信仰と流通

祈る人々を描いた絵巻◆個人蔵

I 中世の宗教と武士のネットワーク

佐竹氏・小田氏が信仰したのが武士の禅ともされる臨済宗

ここでは、武士の動向に深く関わった中世の宗教について、常陸武士の事例を中心にみておこう。まずは臨済宗《りんざいしゅう》である。

臨済宗は禅宗の大きな流れのひとつであり、座禅《ざぜん》・公案《こうあん》・読経《どきょう》・作務《さむ》などの修行を通じて、あらゆる人間にそなわる一無位《いちむい》の真人《しんにん》（世俗の地位名誉や欲望にとらわれない真の人間性）を自覚することを旨とする。日本に本格的に臨済宗を伝えたのは明庵栄西《みょうあんえいさい》である。栄西は永治《えいじ》元年（一一四一）に備中《びっちゅう》国・吉備津神社《きびつじんじゃ》の神官の子として生まれ、十四歳で比叡山《ひえいざん》に登って天台宗《てんだいしゅう》を学んだ。一一八一年には二度目の渡宋に臨み、この期間に天台山万年寺《まんねんじ》の虚庵《きょあん》懐敞《えじょう》のもとで禅の修行に励んだ。建久《けんきゅう》二年（一一九一）に帰国し、日本にもたらしたのが臨済宗黄龍派《おうりゅうは》の禅であった。比叡山延暦寺《えんりゃくじ》や貴族社会からは敬遠されたが、鎌倉幕府からは厚い信頼を得て、正治《しょうじ》二年（一二〇〇）に鎌倉に寿福寺《じゅふくじ》を、建仁《けんにん》二年（一二〇二）には京都に建仁寺を開いている。栄西のもたらした臨済禅は純粋禅ではなく、密教《みっきょう》や戒律《かいりつ》が融合された教えであった。

栄西の活動した時期以降の百年間は、なぜか常陸国での臨済宗の展開は散発的であった。文永《ぶんえい》五年（一二六八）に法身覚了《ほっしんかくりょう》が真壁郡に真壁時幹《ときもと》の援助で天目山伝正寺《てんもくざんでんしょうじ》を、同じく文永年中に、無象静照《むしょうじょうしょう》が下手綱《しもてつな》（茨城県高萩市）に長松山興禅寺《ちょうしょうざんこうぜんじ》を開いた。この無象静照から起こった一派が臨済宗法海派《ほうかいは》である。

長楽寺のジオラマ◆承久三年（一二二一）、新田義重の四男である義季が栄西の高弟栄朝を招いて開いた寺院で、東国における禅文化発祥の寺としても知られる。栄朝は高僧・名僧を多く輩出した。長楽寺は江戸時代になると徳川氏の庇護を受けることになった　太田市立新田荘歴史資料館蔵

このほか、正中《しょうちゅう》二年（一三二五）には、妙心寺《みょうしんじ》出身とされる華蔵曇化《けぞうどんげ》が鹿島郡大蔵に福泉寺《ふくせんじ》を開いた。ここの本尊が清涼寺式釈迦如来像である。さらに曇化は行方郡潮来郷の長勝寺を再興している。長勝寺の元徳二年銘の梵鐘については、第一部で別述したとおりである。

常陸国に本格的、かつ系統的な禅宗が伝来したのは、栄西の数代後の法嗣《はっす》からである。栄西の弟子のひとりが栄朝《えいちょう》であり、承久三年（一二二一）に上野国新田荘世良田《にったのしょうせらだ》に長楽寺《ちょうらくじ》を開いた。栄朝に学んだのが聖一国師《しょういちこくし》の諡号《しごう》のある円爾弁円《えんにべんえん》（一二〇二〜一二八〇）である。そして、円爾に学んだのが、後嵯峨天皇の皇子である高峰顕日《こうほうけんにち》（一二四一〜一三一六）であり、常陸国にも近い下野国那須郡に雲厳寺《うんげんじ》を開いている。

その顕日に学んだのが夢窓疎石《むそうそせき》（一二七五〜一三五一）である。疎石は伊勢《いせ》国に生まれ、甲斐《かい》国に移り、同地で真言宗や天台宗などを学ぶ。正応《しょうおう》五年（一二九二）年に東大寺で受《じゅ》戒《かい》する。しかし、このころより禅に対する関心が高まり、永仁《えいにん》五年（一二九七）、建仁寺の無隠円範《むいんえんはん》のもとで禅を学ぶ。やがて鎌倉へ赴き、円覚寺・建長寺でも学び、嘉元《かげん》元年（一三〇三）に鎌倉・万寿寺《まんじゅじ》の高峰顕日の門に入ったことから、その法嗣となった。嘉元三年（一三〇五）五月には常陸国に入り、多珂《たが》郡臼庭《うすば》郷（茨城県北茨城市磯原町臼場）の比佐居士《ひさこじ》のもとに三年間滞在したと伝えられる。その際の座禅の場とされる横穴が夢窓窟《むそうくつ》として残る。さらに、土佐《とさ》国・上総国・相模国など各地の寺庵《じあん》に滞在したが、その間に名声が高まり、正中二年（一三二五）には、後醍醐天皇の叡慮《えいりょ》により南禅寺《なんぜんじ》の住持となるが、翌年には北条高時から鎌倉に招かれて円覚寺に入った。

鎌倉幕府滅亡・建武の新政の時期、疎石は京都にあった。建武二年には後醍醐天皇の叡慮により臨川寺《りんせんじ》の住持となり、建武政権の崩壊後の暦応二年（一三三九）には、足利尊氏に対

夢窓疎石国師号勅額◆月山周枢は夢窓疎石の弟子となり、この寺に住持し、夢窓に請うて勝楽寺と正法院両寺の開山始祖とした。のち月山がその東に正宗庵を建て、佐竹義篤の時代にこれを正宗寺と改めたという　茨城県常陸太田市・正宗寺蔵

して後醍醐天皇の菩提を弔うために寺院の建立を勧めた。それが天龍寺《てんりゅうじ》であり、康永四年（一三四五）の落慶《らっけい》に際して、自身が開山となっている。

この夢窓疎石の有力な弟子のひとりに、月山周枢《がっさんしゅうすう》（一三〇五～一三九九）がいる。佐竹貞義《さだよし》の子であり、俗名は義継《よしつぐ》と称したという。庶長子《しょちょうし》ゆえに、家督相続の権利は異母弟《いぼてい》の義篤に譲らざるをえなかった。しかし、義継は佐竹一族として重大な使命を帯びていた。それが足利尊氏との連携であり、そのためには尊氏の信任厚い夢窓疎石との信頼構築が急務であった。そのきっかけが元徳二年（一三三〇）に佐都《さと》荘が臨川寺領となったことである。

佐都荘は佐竹氏旧領奥七郡のうちの佐都東郡が暫定的な期間、立荘されて成立したとみられ、支配権が佐竹氏から伊賀《いが》氏に移った（源頼朝による佐竹氏討伐のため）後、十三世紀なかばに伊賀氏より公家の松殿基嗣《まつどのもとつぐ》に寄進され、松殿家は領家職《りょうけしき》に就いたらしい。そして伊賀氏は地頭として在地支配に臨んだのだろう。領家職はその後、法親王・皇族に移り、元徳二年までに後醍醐天皇の皇子・世良《ときよし》親王が有することとなった。そして、この年に親王が崩ずると、父の後醍醐天皇は、親王の菩提を弔う意味で臨川寺を創建し、その寺領に寄進したのである。一方、現地の地頭職は伊賀氏より北条氏の一族とみられる詫間式部太夫《たくましきぶのたいふ》の手に移った。事情ははっきりしないが、霜月騒動で伊賀氏が打撃を被ったとみられる。

やがて、鎌倉幕府の滅亡、建武の新政、南北朝の動乱を迎える。尊氏も引き続き夢窓疎石

夢窓国師頂相◆後醍醐天皇・足利尊氏らの帰依をうけ、天龍寺の開山となった　茨城県常陸太田市・正宗寺蔵

に帰依し、若干の曲折はあったものの、佐都荘は臨川寺領として継続した（のちに天龍寺領となる）。そして、おそらく地頭職は佐竹氏に戻ったとみられる。ここで、佐竹氏は夢窓疎石、さらには足利尊氏との接点をみいだした。月山は夢窓疎石のもとで修行した。これは佐竹氏が足利尊氏との信頼関係を構築するうえで大きく作用した。修行を終えて帰国した月山は一族の歓待をうけ、太田郷に所在する氏寺の勝楽寺《しょうらくじ》、正法院《しょうほういん》を真言宗から臨済宗に改めた。その際、夢窓疎石を両寺の招聘《しょうへい》開山とし、月山自身は二世として経営に励んだ。

　こうして、佐竹氏では臨済宗が重要な役割を果たすようになった。佐竹義篤は、勝楽寺には久慈東郡大里《おおさと》郷、那珂西郡大多口《おおたぐち》郷などを、正法院には久慈西郡福田《ふくだ》村などを寄進して、兄の月山へ真心を尽くした。その義篤も夢窓疎石に帰依して、香山《こうざん》の道号《どうごう》を贈られ、康安年間（一三六一〜六二）には太田郷に瑞竜院《ずいりゅういん》を創建して、月山を開山とした。

　そして、月山は正法院の寺中に正宗庵《しょうじゅうあん》を創建し、ここも夢窓疎石を招聘開山とし、自らは二世となった。正宗庵はまもなく寺格をもって正宗寺と改称した。その後、佐竹氏からは歴代住職が少なからず輩出されるなど、中世を通じて佐竹氏との関係は強かったのである。また、義堂周信《ぎどうしゅうしん》（一三二五〜一三八八）、絶海中津《ぜっかいちゅうしん》（一三三四〜一四〇五）など、夢窓疎石の著名な弟子も太田に訪れた。絶海は『蕉堅藁《しょうけんこう》』、義堂は『空華集《くうげしゅう》』『空華日用工夫略集《くうげにちようくふうりゃくしゅう》』などの漢詩文の作品が

月山和尚頂相◆八代当主佐竹貞義の庶長子にあたる　茨城県常陸太田市・正宗寺蔵

佐竹氏墓所◆塔に刻まれた文字は確認できず、佐竹氏の誰のものであるかは不明になっている　茨城県常陸太田市・正宗寺境内

聖観音菩薩立像（請来）◆茨城県城里町・清音寺蔵

あるなど五山文学の旗手であり、彼らを通して、最高度の文芸文化が常陸国にももたらされたのであった。

もうひとり、常陸国の臨済宗の代表的存在として復庵宗己《ふくあんそうき》（一二八〇〜一三五八）がいる。小田宗知の子といわれる。はじめ密教を学ぶが、禅の修行に変えた。そして延慶三年（一三一〇）、渡元して、このときは杭州天目山師子正宗禅寺《こうしゅうてんもくざんししょうじゅうぜんじ》にいた中峰明本《ちゅうほうみんぽん》のもとで禅の修行にはいり、法嗣となった。師となった中峰明本は、優れた禅僧であるか、生涯ひとつの寺院に留まることを是とせず、各地に仮寓《かぐう》するなかで、念仏と禅、あるいは天台と禅を結びつけた宗風を説いた。日本からは古先印元《こせんいんげん》・無隠元晦《むいんげんかい》なども中峰明本のもとで修行している。そうした師のもとで、復庵は二十年間の修行を積み、元徳二年（一三三〇）に帰国した。

正慶元年（元弘二年、一三三二）、宗己は小田宗知の招きによって常陸国南野荘高岡郷に楊《よう》阜庵《ふあん》を設け、ここに住んだ。建武二年（一三三五）には、師の中峰明本の十三回忌に合わせ

（右）法雲寺仏殿（左）法雲寺正受庵◆復庵宗己は正慶元年（元弘二年、一三三二）、楊阜庵を建てて住み、建武二年（一三三五）、正受庵と改称、文和

て楊阜庵を正受庵《しょうじゅあん》と改称し、師を開山として、復庵自身は二世と称した。そして文和三年（正平九年、一三五四）に法雲寺《ほううんじ》と改めたのである。

　復庵は小田氏一族の求めにより、多くの禅宗寺院を開いている。暦応年間（一三三八～四一）、小田治久が小野邑《おのむら》（新治村）に向上庵《こうじょうあん》を建て、その第一世に迎えられた。また、小田孝朝の援助で大村《おおむら》（桜村）に崇源寺《そうげんじ》を建立して開山となり、法雲寺四世の雲庭紹融《うんていしょうゆう》を崇源寺二世とした。さらに、筑波氏の禅源寺《ぜんげんじ》、上曽《うわそ》氏の竜門寺《りゅうもんじ》なども、彼ら小田氏一族の要請により開山となった寺院である。さらに、復庵は小田氏以外からも招かれた。建武二年のころには、結城直光《なおみつ》によって創建された華蔵寺《けぞうじ》の開山となっている。さらに、福聚寺《ふくじゅうじ》（福島県三春町）、武蔵国八王子瑞雲寺《ずいうんじ》（東京都八王子市）なども復庵宗己の開山である。

　夢窓疎石・月山周枢に深く帰依している佐竹義篤も、復庵宗己を厚く信頼した。文和元年（一三五二）、那珂西郡古内郷の清音寺《せいおんじ》の中興開山に復庵を招いている。この時期、小田孝朝は佐竹義篤の娘を妻にするなど、佐竹氏と小田氏が最も親密なころであった。そうした政治的な背景も、復庵が佐竹領で活動した理由のひとつになるだろう。また、復庵は渡元して、中峰明本に直接学ぶなど、中国とのパイプをもっていることも大きい。

　清音寺に残る仏像や青磁などは、そうした背景のもとに伝来したとみられる。広くみれば、清音寺は佐竹氏の支配領域における海外との窓口であったといっても過言ではないだろう。清音寺には佐竹貞義・義篤父子と復庵宗己の墓所もあるなど、そこからも佐竹氏と復庵宗己の親密な関係が明らかとなるのである。

三年（一三五四）、師中峰明本を勧請して開山とし、法雲寺と称した。南北朝時代に小田氏の保護を得て隆盛。庭園は夢窓疎石作と伝える　茨城県土浦市

天龍寺◆京都市右京区

結城氏が弘めた〝ひたすら座禅する〟道元の曹洞宗

禅宗のうち、道元《どうげん》（一二〇〇〜一二五二）が宋よりもたらしたのが曹洞宗である。貴族の源通親《みなもとのみちちか》（あるいは堀川通具《ほりかわみちとも》）の子として生まれながら、幼くして両親を失い、比叡山で天台宗を学んだ。貞応《じょうおう》二年（一二二三）に渡宋して、純粋禅の教えを受け、これを日本にもたらした。純粋禅は、ひたすら座禅することに特徴がある（只管打坐《しかんたざ》）。しかも、座禅という修行ができること自体が救いの証であり、救いの証があればこそ修行できる、と説くのである（修証一如《しゅうしょういちにょ》）。こうした道元の禅のあり方に、天台宗や臨済宗から反発がでた。そこで、弟子のいる北陸に移り、越前国《えちぜん》志比荘《しひのしょう》に寺地を得て、ここに大仏寺《だいぶつじ》を開いた（のちの永平寺《えいへいじ》）。

道元没後、弟子たちに、教団の方針をめぐる対立が生じ、道元の有力な弟子である徹通義介《てっつうぎかい》は自ら永平寺を離れ、能登国《のと》大乗寺《だいじょうじ》に移った。この義介の法系から瑩山紹瑾《けいざんじょうきん》（総持寺《そうじじ》開山）、ついで峨山紹碩《がざんじょうせき》が輩出された。このころから、純粋禅は法式など道元段階と比べて大きく異なっていったが、信者は全国的に広まっていった。曹洞宗と呼ばれるようになったのも、紹瑾・紹碩のころからである。

紹碩には多くの優れた弟子がおり（二十五哲《にじゅうごてつ》）、全国各地に散って曹洞宗を広めた。そのひとりが源翁心昭《げんのうしんしょう》（一三二九〜一四〇〇）である。心昭は越後国に生まれ、十八歳で紹碩の弟子となり、以後、伯耆国《ほうき》、出羽国《でわ》、陸奥国《むつ》をめぐった。そして、応安四年（一三七一）に、結城直光の招きにより結城に入り、同地の律宗寺院を曹洞宗に改めて、ここに安穏寺《あんのんじ》を開いている。以後も会津・那須方面での布教を続けている。

紹碩のもうひとりの弟子に太源宗真《たいげんそうしん》がいる。この法系が太源派と呼ばれ、梅山聞本《ばいさんもんぽん》―傑堂能勝《けつどうのうしょう》へと伝えられた。その法系を常陸国に受け入れたのが佐竹義人である。義人の実家は

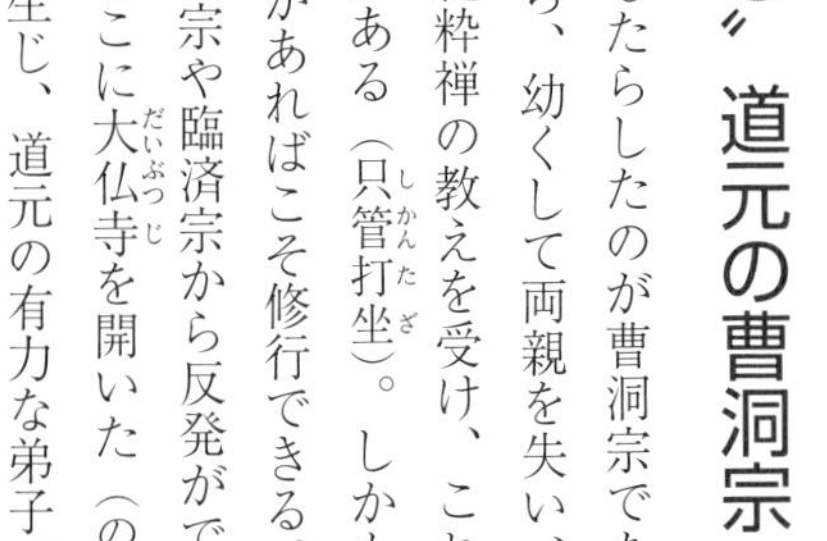

結城家御廟◆結城家初代朝光から十六代政勝までの墓に、妙仙・明朝・無銘二基を加えた計二十基の五輪塔が並ぶ。もともとは結城城内にあったものを、天文二十二年（一五五三）、結城家当主の政勝が慈眼院を建立して移した。慈眼院は、江戸時代まで乗国寺（茨城県結城市）に属していたが、今は廃寺となり、小高い丘に結城家御廟が残されている。墓の周囲には、土塁・堀もめぐらされている　茨城県結城市

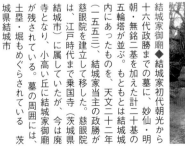

関東管領山内上杉氏（実父は憲定、実兄は憲基）で、つまり藤原氏系の一族である。こうした他姓の養子を認めない佐竹氏一族の山入与義《やまいりともよし》・祐義《すけよし》などが反抗を繰り返した。こうした一族を力づくで押さえる一方、宗教に救いを求めて曹洞宗を導入した。傑堂能勝は耕雲寺《こううんじ》・雲洞《うんとう》庵《あん》など越後国各地に曹洞宗寺院を開いている。その傑堂能勝に帰依したのが、憲基の継嗣となった上杉憲実（実家は越後上杉氏）である。義人にとって憲実は甥にあたり、さらに義人は次男の実定《さねさだ》を、憲実の猶子にするほど親密であった。こうして、義人は傑堂能勝の法系につらなる僧（法名不詳）を太田に招き、建立したのが耕山寺《こうざんじ》であった。

曹洞宗は葬儀にも積極的に関わるようになり、やがて全国津々浦々にまで教線を伸ばして、今日に至っている。

源翁和尚頂相◆那須の殺生石を打って玉藻の前を教化し、その石の悪霊を除いたといわれている　茨城県結城市・安穏寺蔵

源翁和尚所用払子◆柄に装飾として宝珠・玉・請花座状の掘り込みを施し、先端に獣毛の束をつける　茨城県結城市・安穏寺蔵

源翁和尚所用数珠◆大水晶玉1個と小水晶玉96個を紐通しでつなぐ。大水晶玉には銀製の飾りと輪をつける　茨城県結城市・安穏寺蔵

山川氏歴代墓所◆茨城県結城市・長徳院境内

常陸国赤浜を拠点に展開した日蓮宗

常陸国は日蓮が隠井《かくらい》（水戸市加倉井町）に湯治《とうじ》に来る予定があったが、途中の武蔵国池上《いけがみ》（東京都大田区）で没した。そのため、実際に日蓮宗が広まるのは、その弟子の段階である。

そのなかで海岸沿いに信仰を広めた弟子もいた。越後房日弁《えちごぼうにちべん》である。日弁は日蓮の弟子である日興《にっこう》の弟子にして、日蓮にも教えをうけた中老である。日弁はもともと真言宗の僧であり、日蓮に「真言亡国」を抗議したが逆に折伏《しゃくぶく》され、これが縁で日興の弟子となった。日弁は上総国鷲巣《わしのす》の鷲山寺《じゅせんじ》（千葉県茂原市）を拠点に、太平洋側を北上しながら布教し、嘉元元年（一三〇三）、常陸国多可郡に入り、赤浜《あかはま》の地（茨城県高萩市赤浜）に妙法寺《みょうほうじ》・願成寺《がんじょうじ》・安国寺《あんこくじ》を開いている。さらに陸奥国伊《い》具《ぐ》郡にまで布教に行ったが、応長《おうちょう》元年（一三一一）に同地で客死《かくし》した。なお、弟子たちが日弁の柩《ひつぎ》を携え、上総の鷲山寺に戻る途中、赤浜の地で柩が動かなくなり、妙法寺に葬ったと伝えられる。

日蓮上人画像◆東京大学史料編纂所模写

それ以来、赤浜は日蓮宗の拠点となった。今日、願成寺に伝来する日蓮上人像は室町時代（十五世紀）ころの作であり、茨城県に所在する日蓮像では最古の部類に属する。また、妙法寺の過去帳は、応永年間から庶民層の記載が現れはじめ、その範囲は現在の高萩市から北茨城市に及んでいる。

日弁墓所◆日弁は諸宗と対決する折伏の態度を鮮明にしていたため、暴徒に襲われ死んだという　茨城県高萩市

常陸・北下総に弘まった空海を開祖とする真言宗

日本の真言宗の開祖となる空海《くうかい》（七七四〜八三五）は讃岐《さぬき》国に生まれ、延暦二十三年（八〇四）に遣唐使《けんとうし》として渡唐するが、その直前に東大寺戒壇院《かいだんいん》にて出家した。八〇五年五月、唐・長安《ちょうあん》の青龍寺《せいりゅうじ》で密教第七祖の恵果《えか》に入門し、密教の奥義を修めた。そして、八〇六年八月に帰国した。大同五年（八一〇）、平城太上《へいぜいだいじょう》天皇の変（薬子《くすこ》の乱）では、嵯峨《さが》天皇方として調伏祈祷《ちょうぶくきとう》を催して、天皇のさらなる信頼をえた。そして、弘仁七年（八一六）には高野山を、弘仁十四年（八二三）には京都に東寺を賜り、それぞれを真言密教の拠点としている。こうして、真言宗が朝廷の権威のもとに、全国的に広まる基盤ができたが、実際のところ、常陸・北下総に本格的な真言宗の教線が及ぶのはかなり遅れ、鎌倉時代末期以降というのが実情である（それまでは、単発的な波及だけであった）。

常陸・北下総の真言宗の主流は醍醐寺三宝院《だいごじさんぽういん》の教えである。醍醐寺の本坊的存在の三宝院第七世の成賢《せいけん》（一一六二〜一二三一）には、道教《どうきょう》・憲深《けんじん》・深賢《じんけん》・光宝《こうほう》・頼賢《らいけん》という有力な弟子がいた。それぞれ道教方・報恩院《ほうおんいん》流・地蔵院《じぞういん》流・光宝流・意教《いきょう》流という流派を興している。このうち、道教・憲深・深賢からの法脈を嗣いだ親快《しんかい》、その親快からの流派を嗣いだのが醍醐寺四十二代座主《ざす》の実勝《じっしょう》（一二四一〜一二九一）である。

この実勝の教えが常陸南部から北下総に広まっていった。前提となったのが、叡尊《えいぞん》→忍《にん》性《しょう》に連なる西大寺系律宗である。真言宗の教えとともに戒律《かいりつ》（仏教徒として厳守すべき決まり事）の重要性を説いた一派である。この叡尊自身が最初に密教を学んだのが醍醐寺であった。ただし、西大寺系律宗は北条氏とのつながりが強すぎ、鎌倉幕府の滅亡にともなって、次第に衰退していった。それに入れ替わるように本格化したのが実勝の流派である。これを

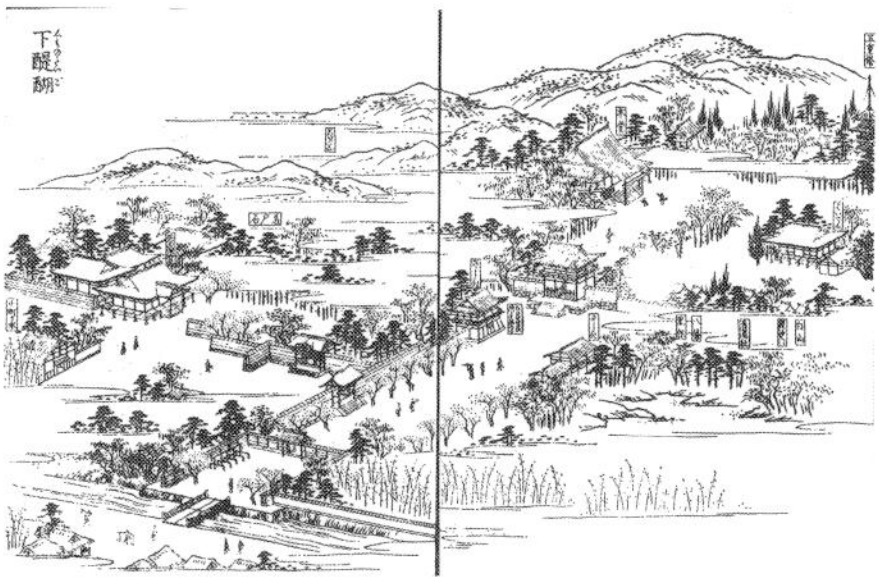

『都名所図会』に描かれた三宝院と下醍醐◆永久三年（一一一五）、三宝院は醍醐寺第十四世座主の勝覚僧正によって創建された。醍醐寺の本坊的な存在で、歴代座主が居住した坊である。庭園が有名であり、この庭園は慶長三年（一五九八）、豊臣秀吉が「醍醐の花見」に際して自ら基本設計をしたものである　個人蔵

東寺◆空海によって京都に建てられた真言密教の拠点で、教王護国寺ともいう　京都市南区

実勝方と称する。実勝の弟子が禅意《ぜんい》、その禅意の弟子が乗海《じょうかい》となる。一説には乗海こそ忍性その人という。この乗海とその弟子の寿仁《じゅにん》の段階に至り、常陸国北郡の宝薗寺《ほうおんじ》を拠点として定めた。鎌倉時代末期のころである。さらに、宝薗寺の近くには「乗海→寿仁→吽日《うんにち》→吽賀《うんが》」、あるいは「乗海→寿仁→吽日→祐慶《ゆうけい》」の法脈を嗣ぐ諸寺院がある。なかでも、普門寺《ふもんじ》・大聖寺《だいしょうじ》・法泉寺《ほうせんじ》・南円寺《なんえんじ》は、小田四か寺と称され、小田孝朝などがとくに祈祷などで重要視したという。茨城県土浦市小岩田《こいわだ》東《ひがし》の如宝寺《にょほうじ》もその法脈につらなる。

また、宝薗寺・吽日から法脈を受けた賢吽《けんうん》は、結城郡山川郷を拠点とした。おそらく同地の結城寺を拠点としたとみられる。さらに、賢吽は応永元年（一三九四）に下総国今里郷の円福寺《えんぷくじ》の開山にも招かれる。北下総は賢吽の法脈を通じて実勝方が広まっていった。

一方、常陸国北部はどうであろうか。こちらは、成賢の弟子、意教流の頼賢の法脈が大きな影響を与えていく。頼賢の弟子・憲静《けんじょう》は東国に向かい、相模国に大山寺《おおやまでら》（神奈川県伊勢原市）を開いている。ここで憲静は願行《がんぎょう》方という一派を興している。憲静の弟子の宥祥《ゆうしょう》は正安元年（一二九九）に伊豆の走湯山遍照院《そうとうさんへんしょういん》に入る。ここで伊豆方を興すこととなる。さらに、

宝幢院◆宝幢院は戦国時代から近世初期にかけ衰微したが、徳川光圀が由緒を惜しみ保護を加えた　茨城県城里町

その宥祥のもとで真言宗を学んだのが宥⿰舛生（恵一上人《けいいちしょうにん》）である。そして、鎌倉幕府滅亡のころ、常陸国に入ったとみられる。そこが那珂西郡佐久山村《さくやま》（茨城県城里町石塚）であった。おそらく、同地方を支配していた佐竹氏一族の大山氏《おおやま》（または石塚氏《いしづか》）に招かれたのだろう。宥⿰舛生は同地の薬師堂を佐久山 浄瑠璃光寺《じょうるりこうじ》と改め、その法脈が佐久山方と呼ばれる。宥⿰舛生の弟子が上宥《じょうゆう》である。上宥は宥⿰舛生の跡を嗣いで浄瑠璃光寺二世となるが、応永三年（一三九六）に宥尊《ゆうそん》に跡を嗣がせ、上宥自身は那珂西郡泉村に宝幢院《ほうとういん》を開き、ここで没している。弟子は宥尊のほか、大山寺を開いた堯宥《ぎょうゆう》、久福寺《きゅうふくじ》（現在は廃寺）を開いた恵海《えかい》などがいる。

宥尊は佐竹氏一族である白石氏《しらいし》の出身とされ、さらに浄土宗中興の祖である 聖冏《しょうげい》の叔父ともいわれる（実際には両者に世代・年代の差がありすぎる）。上宥の弟子として浄瑠璃光寺三世となり、上宥没後の宝幢院も兼務した。そして、嘉慶元年（一三八七）に那珂西郡入野郷《いりの》の小松寺《こまつじ》を真言宗に改めている。この宥尊の弟子たちから、十五世紀前半、常陸北部に真言宗が大きく広まっていくこととなる。

上宥上人座像◆茨城県城里町・宝幢院蔵

浄瑠璃光寺は宥実《ゆうじつ》、宝幢院は宥全《ゆうぜん》が嗣ぎ、不動院《ふどういん》（茨城県那珂市）は宥棟《ゆうとう》、華蔵院《けぞういん》は宥待《ゆうたい》、六地蔵寺《ろくじぞうじ》は宥覚《ゆうかく》の開山となった。かなり後のことであるが、水戸藩時代となり、徳川光圀《とくがわみつくに》が寺院整理をする資料として寛文《かんぶん》三年（一六六三）に『開基帳』を作成させているが、このなかで水戸藩領内の真言宗寺院は一三六三寺、これは同藩領内全宗派の寺院のおよそ五七％を占めたという。

六地蔵寺◆近世には徳川光圀が特別の保護を加えた。本堂・地蔵堂のほか寺域に四脚門の山門、法寶蔵があり、中世以来の聖経・典籍・文書・器物など多数の寺宝がある　水戸市

真言宗関連の系図

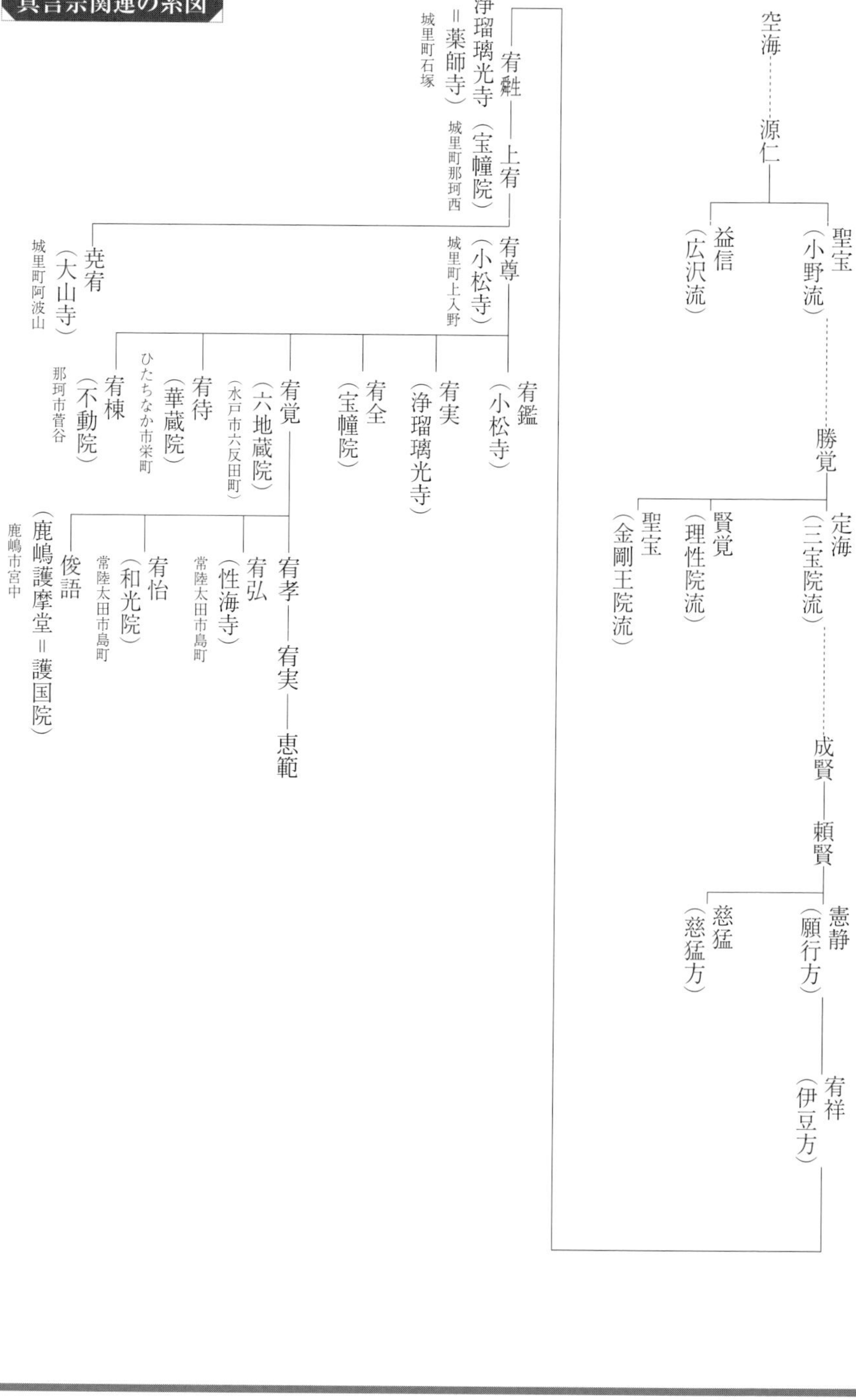
空海
源仁
聖宝（小野流）
益信（広沢流）
勝覚
定海（三宝院流）
賢覚（理性院流）
聖宝（金剛王院流）
成賢
頼賢
憲静（願行方）
慈猛（慈猛方）
宥祥（伊豆方）
（浄瑠璃光寺＝薬師寺）
城里町石塚
上宥（宝幢院）
城里町那珂西
宥尊（小松寺）
城里町上入野
尭宥（大山寺）
城里町阿波山
宥鑑（小松寺）
宥実（浄瑠璃光寺）
宥全（宝幢院）
宥覚（六地蔵院）
（水戸市六反田町）
宥待（華蔵院）
ひたちなか市栄町
宥棟（不動院）
那珂市菅谷
宥孝
宥実
恵範
宥弘（性海寺）
常陸太田市島町
宥怡（和光院）
常陸太田市島町
俊語（鹿嶋護摩堂＝護国院）
鹿嶋市宮中

戦禍を乗り越え法然の浄土宗を弘めた聖冏《しょうげい》

浄土宗の開祖が法然房源空《ほうねんぼうげんくう》である。その門徒は、宇都宮氏・塩谷《しおのや》氏・大胡《おおご》氏など関東の御家人に多い。あわせて、その門流に連なる僧たちである親鸞《しんらん》・住信《じゅうしん》・良忠《りょうちゅう》なども、常陸・北下総を拠点として、師の教えを弘めている。親鸞は浄土真宗の宗祖だが、関東ではもっぱら法然の教えを弘めることが第一義であった。住信は仏教説話集『私聚百因縁集《しじゅひゃくいんねんしゅう》』を常陸にて著している。そして、法然の弟子である聖光房弁長《しょうこうぼうべんちょう》が筑後《ちくご》国の善導寺《ぜんどうじ》（福岡県久留米市）で興した浄土宗の一大潮流である鎮西義《ちんぜいぎ》は、良忠によって関東にもたらされた。

実は、それに先立つ建保二年（一二一四）に、親鸞が常陸国に入っている。そして、約二〇年間にわたって、南下野・北下総を含む地域での布教を展開している。さらに、この間に主著『教行信証《きょうぎょうしんしょう》』の初稿を出すなど、のちの浄土真宗の確立のための基礎を築いた。

また、良忠の後になるが、時宗の開祖となる一遍《いっぺん》も、弘安三年（一二八〇）に常陸国を遊行している。一遍は法然の孫弟子にあたる聖達《しょうたつ》に学び、さらに熊野にて、「信不信をえらばず、浄不浄をきらはず」布教すべき思想を確立した。常陸国に時宗が弘まるのは、一遍の弟子、あるいは孫弟子の段階であるが、とりわけ南北朝の動乱期には、佐竹氏が庇護者になるなど、大いに教線を伸ばした。現在、茨城県は全国で最も時宗寺院の多い県である。

以上はともかく、良忠は建長二年（一二五〇）に東下総に入ると、下総国香取郡鏑木《かぶらぎ》郷（千葉県旭市）を中心に、同国匝瑳《そうさ》荘福岡《ふくおか》郷、同国相馬《そうま》郡立木《たちき》郷、同国豊田郡、常陸国東条荘小野郷などで布教するとともに、現地では浄土教に関する注釈書も著している。文応《ぶんおう》元年（一二六〇）、良忠は鎌倉に拠点を移したが、ここで大仏北条朝直《ともなお》の帰依を受け、悟真寺《ごしんじ》（のちの光明寺《こうみょうじ》）を拠点とした。これが浄土宗の鎌倉進出の起点となっている。

結城朝光の墓◆朝光は親鸞聖人の教えを信仰し、聖人の高弟真仏を開基とし、浄土真宗称名寺を建立した　茨城県結城市・称名寺境内

常福寺で行われる浄土宗中興の祖・聖冏の遺徳を称賛する法要である二十六夜尊の様子◆茨城県那珂市

良忠の弟子たちのうち、良暁《りょうぎょう》と尊観《そんかん》が有力であり、前者は白旗《しらはた》派、後者は名越《なごえ》派の祖となるように、この二人以降、鎮西義は大きく二つに分かれることとなった。その良暁の弟子が蓮勝房永慶《れんしょうぼうえいけい》である。永慶は常陸国出身であり、建武三年（一三三六）には太田郷木崎《きざき》（茨城県常陸太田市）の地に法然寺を建立した。盛《せい》蓮社《れんじゃ》成阿《じょうあ》了実《りょうじつ》は永慶の弟子であり、元徳二年（一三三〇）には永慶より、付法《ふほう》を示す璽書《じしょ》を受け、さらに同じ法脈の仏蓮社良誉定慧《ぶつれんじゃりょうよじょうえ》（鎌倉・光明寺三世）から、円頓菩薩戒《えんとんぼさつかい》も授けられた。

了実は常陸教化の途中、村松《むらまつ》（茨城県東海村）の虚空蔵堂《こくうぞうどう》に参籠し、そのときの夢告《むこく》に従い、建武五年（延元三年、一三三八）、佐都西郡に草庵を結んだ。これがのちに草地山蓮花院常福《そうちさんれんげいんじょうふく》寺《じ》（同那珂市）へと寺基《じき》を整えていく。

延文三年（一三五八）十二月七日、佐竹義篤から久慈西郡の瓜連の地に寺領を寄進された。了実はその寄進をきっかけに、寺基も瓜連に移したようで、具体的な場所は瓜連地内の白《びゃく》蓮塚《れんづか》らしい。その常福寺の二世となったのが西蓮社了誉聖冏《ゆうれんじゃりょうよしょうげい》である。聖冏は、暦応四年（興国二年、一三四一）に、久慈西郡の上岩瀬《かみいわせ》城（茨城県常陸大宮市）で生まれたという（幼名などは不明）。父は佐竹氏一族の白石（あるいは白吉）義忠《よしただ》（あるいは義光・宗義など）といわれる。

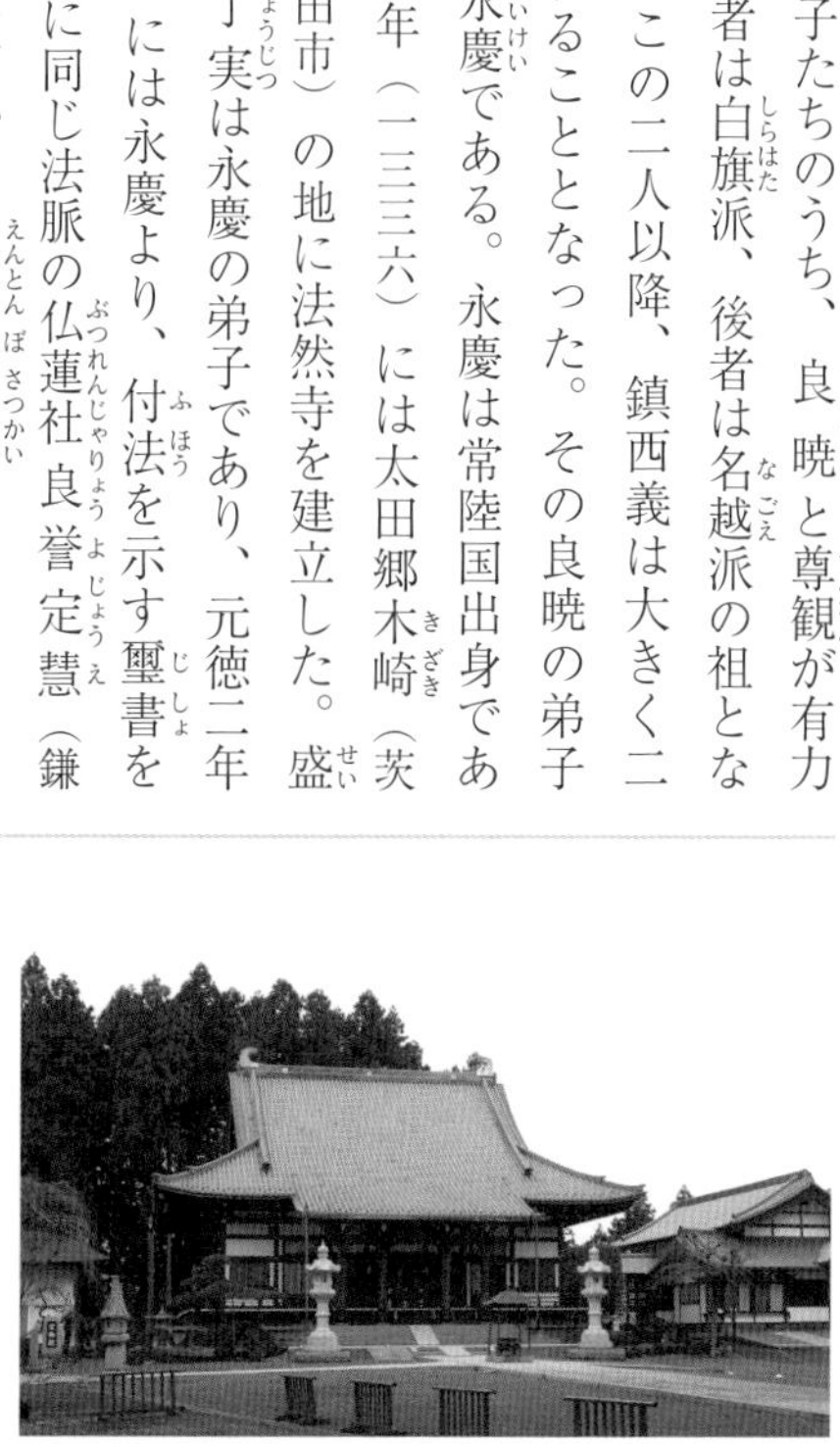

常福寺本堂◆江戸時代には関東十八檀林の一つとされた　茨城県那珂市

貞和元年（興国六、一三四八）、父が合戦で討ち死にした。母は遺された八歳の聖冏の行く末を按じ、貞和四年（正平三、一三四八）に常福寺の了実に預けた。聖冏は了実のもとで修行に勤しんだが、あらゆる経典をたちどころに通暁《つうぎょう》する聡明ぶりは、了実をうならせた。

そこで、了実は聖冏を法然寺の永慶を介して、延文三年（正平十四年、一三五八）に、相模国の浄蓮寺《じょうれんじ》に隠棲していた定慧のもとに赴かせた。ここでも定慧の期待に応え、定慧をして「曼殊大士《まんしゅだいし》の応迹《おうじゃく》」といわしめた。康安元年（正平十六年、一三六一）には初めての仏教書となる『浄土述《じょうどじゅつ》聞口決鈔《もんこうけつしょう》』を著している。

そして、貞治四年（正平二十年、一三六五）には、定慧を戒師《かいし》として浄土宗相伝と『円頓《えんとん》戒《かい》』『布薩戒《ふさつかい》』を授けられた。聖冏二十五歳。これは、浄土宗僧としての独り立ちの証でもあった。聖冏は一時、瓜連に戻るも、同じ貞治四年に諸宗兼学の旅に出た。まず伯父であ

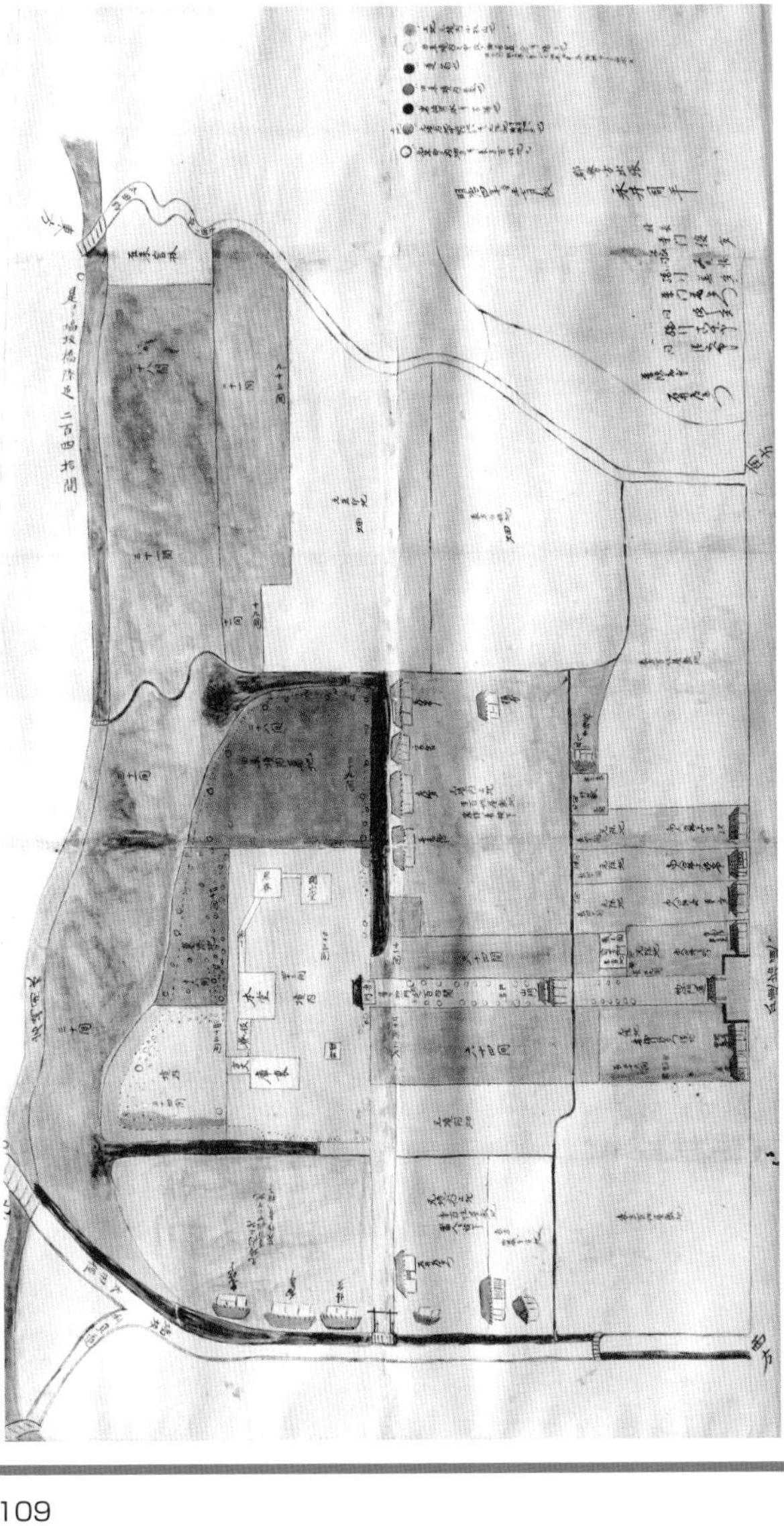

常福寺境内図◆明治四年（一八七一）作で、廃藩置県関係の調査の際に作成されたとみられる。常福寺の境内図であるが、「古堀」の記載などがみられることからここが瓜連城跡であることも読み取れる　茨城県那珂市・常福寺蔵

良肇上人像◆安養寺・弘経寺などの開山となった良肇上人の頂相。禅宗系の頂相の影響を強く受けているが、細部には浄土宗系独特の表現も用いられているという　茨城県常総市・安養寺蔵

る小松寺の宥尊のもとに赴き真言密教を学んだという（ただし、年齢的には聖冏がはるかに年長であり、この時点での修学は再検討が必要）。次に下野国では、宇都宮の東勝寺《とうしょうじ》で真源《しんげん》・明《みょう》哲《てつ》から天台教学を学んだ。また、磐田寺《いわたじ》（真岡の荘厳寺か）で学園《がくえん》より倶舎《くしゃ》・唯識《ゆいしき》などを学ぶなど、範囲は奈良仏教の教義にも及んでいる。さらに、永和元年（天授元年、一三七五）、関西にも足を伸ばし、但馬《たじま》国の大明寺《だいみょうじ》（兵庫県朝来市）で月庵宗光《げつあんしゅうこう》・月察天命《げっさつてんみょう》から臨済禅を、京都に入り、頓阿《とんあ》に和歌を学んだらしい。そして、再び下野国に戻ると、宇都宮塙田《はなわだ》（二荒山神社《ふたらさんじんじゃ》）の権禰宜治部大輔《ごんねぎじぶのたいふ》から神道を学び、その成果を『皇太子麗気記私抄《こうたいしれいききししょう》』のなかで披露している。

永和三年（天授三年、一三七七）には、鹿島郡に赴き、鹿島社境内にある安居寺《あんごじ》にて、『破《は》邪顕正義《じゃけんしょうぎ》』（『鹿島問答《かしまもんどう》』）を著した。ここで聖冏は親鸞の系譜を引く鹿島門徒が、阿弥陀如来よりも聖徳太子を崇拝している点を批判し、また、禅宗・日蓮宗からの論難に対しても論じ返すなど、法然の法脈を継ぐ自己の浄土宗の正当性を主張し、そこから浄土宗への帰依を

弘経寺本堂◆浄土宗寺院で、境内に大杉（来迎杉）と徳川秀忠の娘千姫の墓がある　茨城県常総市

勧めている。

永和四年（天授四年、一三七八）、聖冏は瓜連に戻ると、師の了実より五重相伝会《ごじゅうそうでんえ》（師匠が、弟子に伝える法会）の

法然著『往生記《おうじょうき》』、弁長著『末代念仏授印《まつだいねんぶつじゅいん》』、良忠著『領解末代授代授手印鈔《りょうげまつだいじゅだいじゅしゅいんしょう》』・『決答授手印疑《けっとうじゅしゅいんぎ》問鈔《もんしょう》』、中国北魏の曇鸞《どんらん》著『凝思十念伝《ぎょうしじゅうねんでん》』の、それぞれの内容を順次、弟子に伝える法会）の勧戒《かんかい》が許可されたことを示す璽書《じしょ》が与えられた。一年後、聖冏は二度目の学究の旅にでる。康暦元年（天授五年、一三七九）、下野国芳賀《はが》郡大羽《おおば》郷の往生院《おうじょういん》（大羽寺、地蔵院）にて、宋《そう》版一切経《ばんいっさいきょう》の研究をしている。

永徳三年（弘和三、一三八三）十一月十四日には、下総国豊田郡横曽根《よこそね》（茨城県常総市）の談義所で、『浄土二蔵二教略頌《じょうどにぞうにきょうりゃくじゅ》』を著し、至徳二年（元中二年、一三八三）三月二日には、同所にて前著の註釈書である『釈浄土二蔵義《しゃくじょうどにぞうぎ》』を脱稿した。他宗に比べて浄土宗の優れた点を論じたものであった。さらに、両書とも弟子の聖聡《しょうそう》に与えるものであった。この聖聡とは千葉氏胤《ちばうじたね》の子である。のちに、芝《しば》・増上寺《ぞうじょうじ》（当初は武蔵国豊島郡貝塚《むさしのくにとしまぐんかいづか》に立地。寺号も光明寺）を開くように、聖聡の弟子のなかでもとりわけ教義・実践ともに傑出していた。なお、これらの著作の舞台となる横曽根談所は、現在の法性寺《ほっしょうじ》（茨城県常総市豊岡町）の前身となる観音堂とみられる。また、横曽根では、了実・聖冏・聖聡に学んだ良肇《りょうじょう》も活動した。良肇は名越北条氏の出身で、応永四年（一三九七）に安養寺《あんようじ》、同二十一年（一四一四）に弘経《ぐぎょう》寺《じ》を開いている。横曽根には、これ以前に、親鸞の弟子・性信が報恩寺《ほうおんじ》を開いているので、広い意味で、法然の法脈が横曽根の地に根付き、大きく開花したことがわかる。

こうした法脈の活発化も、聖冏の布教の狙いであったことだろう。あわせて、こうした聖冏の著述の背景をみるに、聖冏はこれまで浄土宗が天台宗の「附庸《ふよう》の寓宗《ぐうしゅう》」（付属した教え）とされてきた点を改め、浄土宗を独立した宗派に再構築することに、大きな使命感を抱いて

（右）鹿島神宮◆現在の参道は北浦にかかる神宮橋から大船津を経て東に通じる。境内西の石造の大鳥居から表参道を東進し、楼門をくぐると右手に北面する拝殿と本殿がある。本殿の後ろに接して神木の杉、また玉垣を介して後方に鏡石とよばれる石がある　茨城県鹿嶋市

法性寺本堂◆茨城県常総市

いたことがわかる。そして、後の明徳四年（一三九三）までに、五重相伝の制度を整え、浄土宗の教えが正しく受け継がれていく道筋をつけたのである。

　至徳二年（元中二、一三八五）、了実は常福寺を聖冏に譲り、その年のうちに寂した。ここからが聖冏を中心とする常福寺の歴史のはじまりであった。ところが、わずか三年後の嘉慶二年（元中五、一三八八）二月十一日、瓜連地内の民家からの出火により常福寺は類焼し、前述した佐竹義篤の寄進状、紫袍《しほう》の綸旨などを失った。

　再建はしばらく叶わなかったようだが、聖冏はこの災難にもめげず著作に励んだ。そして、応永三年（一三九六）には、大著『決疑鈔直牒《けつぎしょうじきてつ》』を著わしている。法然が弟子の弁長に与えた『選択本願念仏集《せんちゃくほんがんねんぶつしゅう》』をもとに、弁長の弟子・良忠はその註釈書として『選択伝弘決疑鈔《せんちゃくでんぐけつぎしょう》』を著したが、聖冏はさらに『選択伝弘決疑鈔』の註釈書として筆を起こしたのが、この『決疑鈔直牒』なのである。

　そして、このころより、増上寺を開いた弟子の聖聡も瓜連を訪ね、聖冏自身も江戸に赴くようになった。江戸貝塚の増上寺も聖聡の努力で繁栄の途にあったとみられる。そして、応永十二年（一四〇五）十二月七日、佐竹氏一族の稲木常仙《いなぎじょうせん》から、先の佐竹義篤寄進状の旨を保証する書状が出された。おそらく、この保証を契機に具体的な常福寺の再建を進めたことだろう。加えて、寺基も白蓮塚からほど近い、瓜連城跡がある現在地に移したらしい。応永二十二年（一四一五）八月二十二日、聖冏は事後を弟子の満蓮社明誉了智《まんれんじゃみょうよりょうち》に譲った。再建後の常福寺の経営も軌道に乗ったためであろう。

　ところが、翌年の応永二十三年（一四一六）、再度の災難が常福寺を襲った。上杉禅秀の乱の余波が関東各地に及び、佐竹氏一族内では、宗本家の佐竹義人と有力一族山入氏義《うじよし》との抗争を激化させた。ついに瓜連も戦禍を被り、それは嘉慶二年の災難の比ではなかった。庶

直牒洞◆奥壁には阿弥陀三尊仏が浮彫されている　茨城県常陸太田市・香仙寺境内

民はもちろん、常福寺の僧たちも各地に離散してしまった。ただし、聖冏は極力、瓜連近くに踏みとどまろうとした。久慈川の対岸、その支流浅川に面する阿弥陀山の洞窟に身を寄せたのである。この洞窟が現在、香仙寺《こうせんじ》境内にある直牒洞《じきてつどう》である。洞窟の奥には平安時代末期に阿弥陀三尊像が彫られている。直牒とは前述した『決疑鈔直牒』のことである。後世になり、常福寺の嘉慶二年の類火と応永二十三年の戦禍が混同されたとも思えるが、あるいは嘉慶二年の際にもここに籠もって、『決疑鈔直牒』の執筆にも携わったのかもしれない。

そんな聖冏を心配して、江戸の聖聡は、師の見舞いにかけつけている。そして瓜連・阿弥陀山を訪ね歩いた。そこで「瓜連の事はなかなか、鹿の臥床《がしょう》となり候」、つまり、瓜連は荒れ果てて、まるで鹿の寝床（獣の棲みか）のような惨状である、となげき悲しんでいる。この時点で聖冏は七十六歳の高齢であった。聖聡もさすがに師の二度目の再建事業は無理と判断した。そこで、聖冏も聖聡の意に従い、常福寺の再々建は了智に任せるとして、その年の秋に江戸に向かい、豊島郡小石川《こいしかわ》（東京都文京区）の地に草庵を結んだ。これがのちに徳川家康によって整えられ、生母の於大《おだい》の方《かた》（伝通院《でんづういん》）の菩提所となっている。

現在の伝通院◆東京都文京区

聖冏上人譲状◆茨城県那珂市・常福寺蔵

現在の茨城県内に残る中世の棟札と神社

中世の神道は、ほぼ神仏習合のなかにあり、仏教色が色濃く表れていた。たしかに、伊勢国で度会《わたらい》神道のような、本地垂迹《ほんちすいじゃく》説を否定する見方もあったが、諸国の一宮系は、ともかくも仏教とは無縁ではなかった。常陸一宮（鹿島神宮）、同二宮（静《しず》神社）、同三宮（吉田《よしだ》神社）など、いずれも神仏習合のなかにあった。

しかし、社殿の建築となると、神道独自のものがあらわれる。基本的に神社建築は、寄棟造《よせむねづくり》・宝形造《ほうぎょうづくり》がない、瓦葺《かわらぶ》きがない、屋根に千木《ちぎ》・鰹木《かつおぎ》を乗せる、土壁がない、高床である、流造《ながれづくり》に代表される切妻造《きりづまづくり》が多い、という点があげられる。あわせて、社殿の造営や修復の旨を記した棟札《むなふだ》が残される場合が、寺院建築より圧倒的に多い。これは神社が寺院よりも焼失する確率が低いこともあげられるが、棟札自体が御神体と同一視されてきた経緯もあるだろう。

茨城県内の神社にも、少なからず中世の棟札が残されている。ただし、分布には偏りもみられる。つまり、大子町・常陸大宮市など県北地域に多く分布し、ついで県西地域となる。一方、県南地域はかなり少ない。この点をどのように理解すべきかは、ひとつの課題であるが、あるいは佐竹氏の神社政策が反映されているのかもしれない。

◆『鹿島志』に描かれた鹿島神宮　個人蔵

(上２点) 嘉慶二年棟札 (表) (裏) ◆県内最古の棟札で、南北朝期の諏訪信仰に佐竹氏が関係していることがわかる　茨城県常陸大宮市・諏訪神社蔵

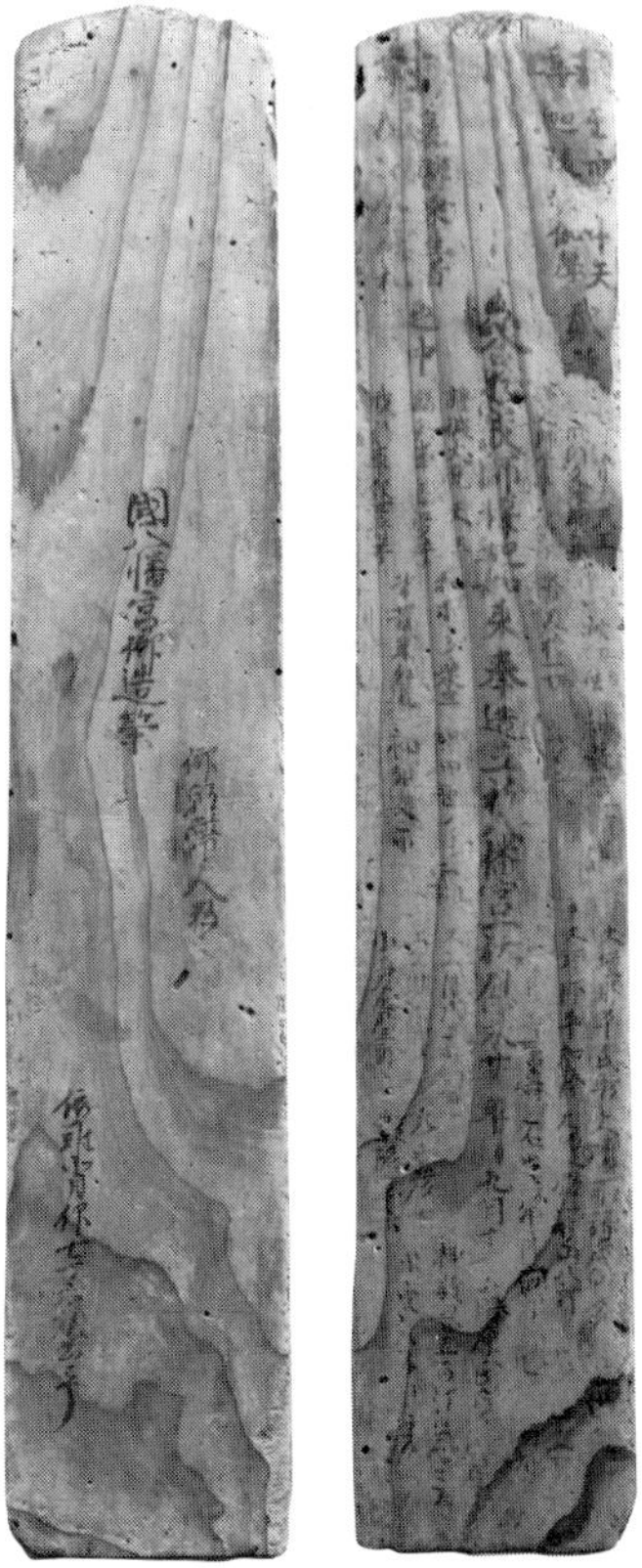

(上２点) 応永二十年棟札 (表) (裏) ◆大掾氏の名前が多く記され、この時期には佐竹氏が影響力を及ぼしていないことがわかる　茨城県日立市・吉田神社蔵　日立市立郷土博物館寄託

(左) 永享七年棟札◆鎌倉府の影響が強い関東のなかで、この棟札は室町幕府的な色彩が強く出ているという　茨城県桜川市・鴨鳥五所神社蔵

諏訪神社◆茨城県常陸大宮市

内海の領主たちが足利公方に献上した自然の恵み

ここで常陸武士の動向に深くかかわった霞ケ浦を中心とした水運について紹介しよう。

中世までの霞ケ浦（狭義の霞ケ浦〈西浦《にしうら》〉・北浦《きたうら》・外波逆浦《そとなさかうら》などを含む）は、銚子口《ちょうしこう》から内陸部に入ってきた海が、周りを陸地に囲まれた広大な低地にとどまり、そこで形成された内《うち》海《うみ》であった。やがて、土砂の堆積《たいせき》により、海との出入り口が狭まって汽水域《きすいいき》が広がった。そして、近世初頭の利根川東遷事業《とねがわとうせんじぎょう》により内海と河川に区分され、さらに戦後の常陸川逆水《ぎゃくすい》門《もん》、利根川河口堰《かこうぜき》の設置で淡水化《たんすいか》が加速し、今日の姿となった。現在の面積は二二〇平方キロメートルで、茨城県の面積の約三分の一を占めている。

茨城県の歴史でも霞ケ浦の占める位置は大きい。霞ケ浦沿岸は縄文時代の貝塚《かいづか》の宝庫であり、茨城県で確認された三三〇か所以上のうち、大半は霞ケ浦沿岸に分布する。また、奈良時代に編さんされた『常陸国風土記《ひたちのくにふどき》』ではその総論に、常陸国は農業・養蚕《ようさん》業に適し、山海の幸に恵まれた土地と記されるが、そうした恵みの源は、まさに霞ケ浦といっても過言ではない、と記される。実際、『常陸国風土記』の各郡の記述をみると、行方郡の板来の村（潮来）の海浜では、塩を焼く藻・海松《みる》・うば貝・辛螺《にし》・蛤《はまぐり》などが多く棲《す》むとある。鹿島郡の沼尾の池では、美味な蓮根《れんこん》が採れ、鯉《こい》・鮒《ふな》も多いとある。信太郡浮島《うきしま》では製塩を営むとある。

平安時代になると、大治《だいじ》五年（一一三〇）、下総の千葉経繁《つねしげ》は領地である相馬御厨布瀬《そうまのみくりやふせ》郷（千葉県柏市布施一帯）一帯の内海で獲れた鮭《さけ》百匹を、塩引きに加工して伊勢神宮に進納している。

霞ケ浦◆明治時代の霞ケ浦では帆引き船による漁法がとられていた。中世の霞ケ浦も船が行き交っていたことがわかっている　茨城県かすみがうら市

さらに、室町時代・戦国時代になると、この内海周辺の領主たちは、鎌倉や古河の足利公方に対して、魚介類はもちろん、白鳥《はくちょう》・菱食《ひしくい》などの水鳥も進上していることが記録から確認される。海からは塩と魚介類、淡水からは蓮根や鯉・鮒などの淡水魚など、そして水鳥に至るまで、霞ケ浦の自然の恵みがいかに豊富であったかがわかる。

また、沿岸地域の政治的要素も特徴的である。おおむね、霞ケ浦を、現在のかすみがうら市のうち、旧千《ち》代田《よだ》町と霞ケ浦町との境として、その北半分から東岸・北浦地域、その南半分から南岸地域に分けてみると、前者は国衙《こくが》公領《こうりょう》・鹿島社領が、後者は南野《みなみの》荘、信太荘、東条《とうじょう》荘など荘園が、それぞれ大きな比重を占めている。これは前者が府中の常陸国衙と鹿島社を結ぶ地域であり、鹿島社を地方の権門とみなせば、他の権門が容易に入り込む余地が少なかったからだろう。それに対して、後者は東条氏を除けば、鹿島社との関係はさほど強くなく、さらに平安時代末期に常陸介となった平《たいらの》頼盛《よりもり》などが積極的に女性皇族（女院《にょいん》）にこの地域を寄進した結果、荘園化が促されたようだ。

いずれにせよ、こうした公領・荘園間の沿岸部交流、

さらには年貢輸送を基軸とする都鄙《とひ》の隔地間交通に霞ケ浦は大きな比重を占めていたことは疑いない。

さらに、鎌倉時代後期以降になると北条氏の進出が顕著となった。霞ケ浦南岸の信太荘の各郷は、ほぼ北条氏一族によって押さえられていた。行方郡はその全域ではないにせよ、潮来・小牧・玉造・大賀《おおが》・蔵成《くらなり》の各郷と名が北条氏の支配下におかれ、さらに延方《のぶかた》郷の普門院《ふもんいん》、小幡《おばた》郷の観音寺のように、真言律宗《しんごんりっしゅう》の進出がみられるなど、少なくとも北条氏の影響力が及んでいたとみられる。こうして北条氏は霞ケ浦沿岸部に拠点をもつことで、水運を利用した鎌倉との交通体系をつくりだすとともに、その交通体系は霞ケ浦沿岸地域を全国的な流通や人びとの往来のなかに位置づけられていくのであった。

その結果、霞ケ浦の豊かな自然の恵みは、物産として商品化されていき、沿岸地域には流通の担い手が現れ、さらには人びとが集住する都市・町場が形成されていくことになった。

鎌倉幕府滅亡後、鹿島郡は引き続き鹿島氏一族と鹿島社の支配となり、行方郡は玉造郷が足利氏方の土岐頼遠の支配となり、その他の諸郷はほぼ行方氏一族の手に戻った。しかし、信太荘はもとの領主の小田治久には帰らず、足利氏の手に入った。そして、足利方の佐々木氏・高氏・上杉氏が現地に入っている。そして、一時ではあるが、小田氏のもとに帰るのは小田孝朝《たかとも》の段階であった。

暦応元年（一三三八）、霞ケ浦にほど近い常陸国府では、すでに六斎市《ろくさいいち》が成立し、市《いち》津《つ》料《りょう》が徴収されていた。霞ケ浦と常陸国府を結ぶのが高浜《たかはま》津とみられる。ちなみに、漢字の国府「こう」浜が高《こう》浜となり、やがて高浜「たかはま」と訓読みされ

『建保職人歌合』に描かれた商人（右）と船人（左）◆国立国会図書館デジタルコレクション

たらしい。常陸国衙の在庁官人《ざいちょうかんじん》のひとり、税所《さいしょ》氏が高浜津を臨む舟塚山《ふなつかやま》古墳を祭祀の場（青屋祭《あおやさい》に際して、ここに幣帛《へいはく》を供する）とするなど、高浜は重要視されていたことがわかる。さらに、鹿島郡大船津《おおふなつ》は鹿島社の外港にあたり、潮来津と長勝寺、西蓮《さいれん》寺《じ》舟津と西蓮寺など、有力寺社の門前も水運の拠点となる都市・町場となっていた。

その水運で富を築いたと思われるのが、富有人《ふゆうにん》である。永享七年（一四三五）、鎌倉府は鹿島神宮の造営料を徴収するため、常陸国内の財を築き富める人びとを調査して、その名前を書き上げた。それが「常陸国富有人注文《ひたちのくにふゆうにんちゅうもん》」という文書であり、多くの富有人の記載がある。なお、この古文書の原本の所在は不明だが、江戸時代に色川三中《いろかわみなか》が筆写したものが残されている。

それによると、常陸国北部の佐竹氏領にもいるはずの富有人の記載がない。逆に、霞ケ浦・北浦・恋瀬《こいせ》川・桜川・涸沼《ひぬま》および涸沼川・鬼怒《きぬ》川・小貝《こかい》川など湖沼沿岸や河川流域に多くがいることもわかる。いくつかの不明点はあるものの。だいたい水運の便に恵まれている地域に富有人が分布していることがわかる。

そのなかで「常陸国富有人注文」に記載のある信太荘掛馬《かけうま》、現在の茨城県阿見町掛馬で、埋められた常滑焼《とこなめやき》の大甕《おおがめ》から大量の渡来銭《とらいせん》がみつかっている。大量の渡来銭を陶器の壺や甕に納

『日本名所風俗図会』に描かれた鹿島郡大船津◆個人蔵

めて埋める例は茨城県内でも少なくないが、ほぼ大きな湖沼や河川に近い地域で確認される傾向にあり、掛馬の例も霞ケ浦の水運で財を成した人物（「常陸国富有人注文」には掛馬・左衛門《さえもん》五郎《ごろう》の名がみられる）の存在が想定される。

（上）常滑焼大甕◆14世紀末から15世紀初頭に埋められたと考えられている　阿見町教育委員会蔵
（下）渡来銭◆常滑焼大甕の中に納められていた約12万枚の渡来銭　阿見町教育委員会蔵

毘沙門天立像◆伝承では霞ケ浦に漂着したものを祀ったといわれている。中世には霞ケ浦水運に関わる財宝・福徳をつかさどる神として信仰されてきたと思われる　茨城県美浦村蔵　写真提供：美浦村教育委員会

常陸国の富有人分布図

※地形は現在のもの

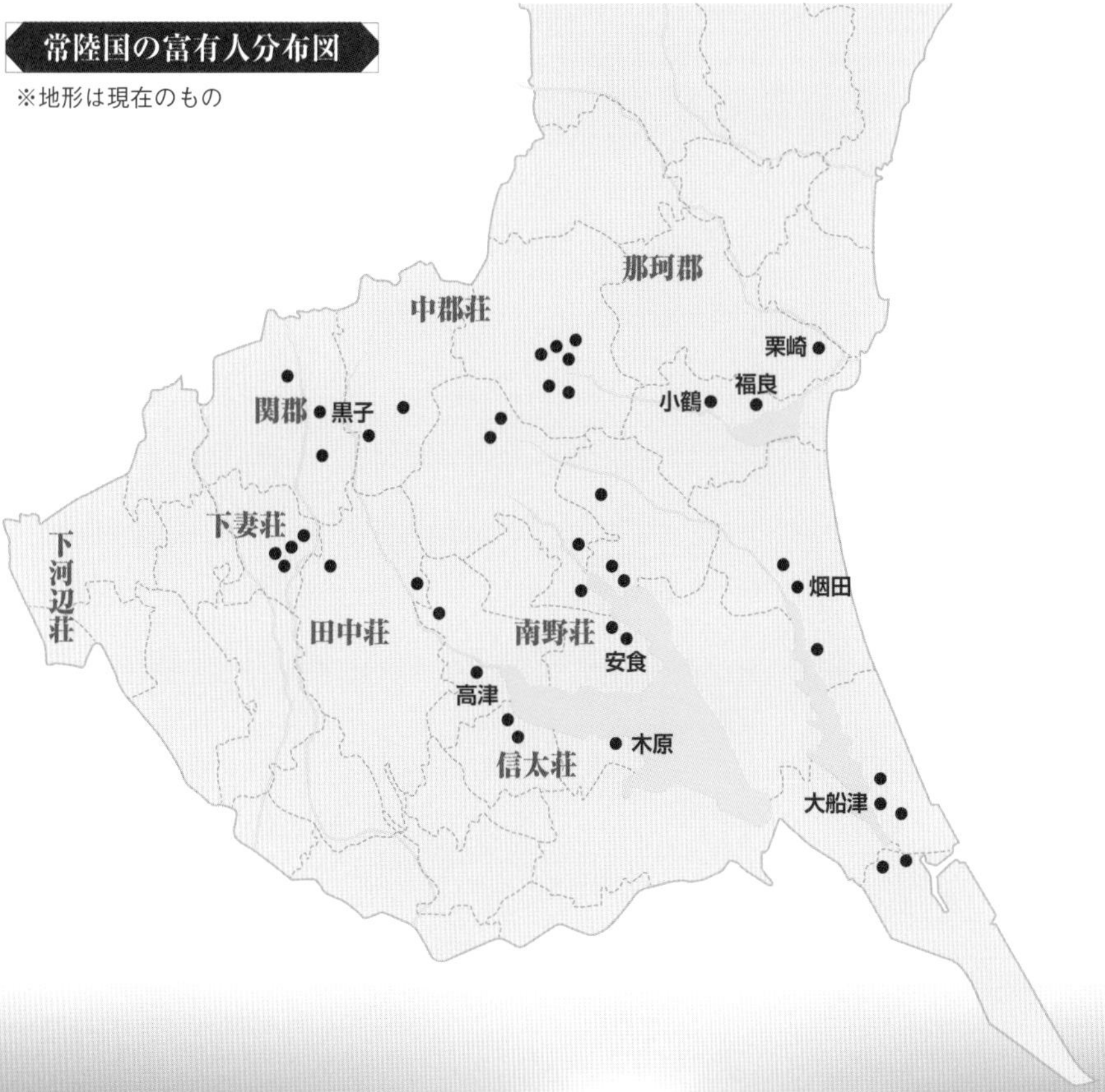

郡・庄名	郷村名	富有人	領主（知行者）	比定地
宍戸荘	志多利柳郷	右衛門三郎	里見四郎	笠間市小原周辺
	下土師郷	平次郎入道	筑波大夫法眼	笠間市土師周辺
	小鶴郷	聖道上野房	龍崎左京亮	笠間市小鶴
	山尾道場	用阿弥陀仏	宍戸中務丞	笠間市平町・大田町周辺（新善光寺）
	同道場	乗阿弥陀仏	同人	
北郡	野田郷	兵衛三郎	上野一揆	石岡市野田
	片岡郷	覚祐入道	同一揆	石岡市片岡
真壁郡	谷萱	教祐入道	粟田	桜川市真壁町谷貝
	塙安世郷	正貞入道父子	町野備中守	桜川市真壁町塙世
	同郷	唐臼妙金入道		
	山田郷	慶城房	宍戸兵庫助	桜川市真壁町東山田
	宮子郷	安揆房	宍戸備前守	筑西市宮後
下妻荘	幸井郷	善妙入道	建長寺	下妻市坂井
	山尻郷	弥次郎　同弥五郎	那波上総介	下妻市山尻
	古沢郷	平四郎	同人	下妻市古沢
	大串郷	記藤四郎	安田・安保	下妻市大串
	黒子郷	道永入道	釜涌三河守	筑西市黒子
	西広野	吾藤五郎	発智民部丞	筑西市上西郷谷周辺
	同所	聖道式部房	同人	
	今賀島村	左衛門三郎	同人	つくば市今鹿島
	砂塚郷	吾藤五郎	同人	
山荘	本郷	善鏡入道	宍戸備前守	土浦市本郷
	同所郷	法性入道	宍戸中務丞	
信太荘	懸馬村	左衛門五郎		阿見町掛馬
	塙郷	常祐入道		阿見町塙
	木原郷	慶阿弥		美浦村木原
	同郷	大房　聖道	和泉房	
	上室郷	正印入道		つくば市上ノ室
	土浦郷	和泉三郎		土浦市街地
	広津村	徳祐入道		
	同村	平四郎		
	高津郷	常福寺		土浦市上・中・下高津

郡・庄名	郷村名	富有人	領主（知行者）	比定地
南郡	田木谷郷	小五郎	塩谷越前守	小美玉市田木谷
	同所	源次郎	同人	
	同所	日向房	同人	
	同郡	栗俣平太郎	徳泉寺	
	辺室村	平三太郎	土岐左馬助入道	小美玉市部室
	田余郡	河中子平七	同人	小美玉市上玉里周辺
	同郷	法光入道		
	中津河村	性祐入道	小田東禅寺	石岡市中津川
	府中	宝蔵寺		石岡市街地周辺
	同所	宝珠庵	珠	
吉田郡	福良	荒太郎	佐竹右京大夫	茨城町上石崎字福良
	栗崎	七郎四郎	同人	水戸市栗崎
	同所	円福寺		
鹿島郡	安房郡	奴加賀大炊助		鉾田市安房
	宮中	次郎太郎	同人	鹿嶋市宮中
	同所	弥三郎		
	粟生郷	正法入道	同人	鹿嶋市粟生
	同所	教一入道		
	賀村	田藤五郎	同人	神栖市賀
	大船津	五郎次郎	同人	鹿嶋市大船津
	同所	聖道御房		
	中居	多福寺	中居民部丞	鉾田市中居
	同所	福泉寺		
	幡木郷	薬師堂別当	宮内大輔	鉾田市上幡木
	烟田	寿福寺		鉾田市烟田
南野荘	安食郷	井河掃部助	梶原五郎家人	かすみがうら市安食
	石河郷	道場	同人	石岡市石川
	宍倉郷	聖道一人仮名有禅	野田遠江守	かすみがうら市宍倉
	安食郷	弥次郎	梶原五郎	かすみがうら市安食
	賀茂郡	孫四郎	小田治部少輔	かすみがうら市加茂
宍戸荘	岩間郷	黒田左衛門三郎	龍崎弾正少弼	笠間市上郷・下郷
	阿子卿	平内三郎	同人	笠間市安居
	住吉郷	道本入道	左近大夫将監	笠間市住吉

常陸国富有人注文と比定地

数多くの湊と水運を担った〝海夫《かいふ》〟と〝津〟の風景

応安《おうあん》七年（一三七四）ころ、香取社《かとりしゃ》の全権を掌握した大禰宜《おおねぎ》大中臣長房《おおなかとみのながふさ》は、在地領主の妨げで滞る霞ケ浦沿岸からの津料（税金）を円滑に徴収するための努力を続けていたが、その過程で、香取社支配下の津の存在が明らかになった。これは「海夫注文《かいふちゅうもん》」という古文書に書かれている。それによると、霞ケ浦沿岸には、五十三か所の津があり、津料を納めるべき領主の常陸平氏系一族・小田氏・鎌倉府奉公衆の名が記されている。もちろん、これらは香取社に関する津であり、それ以外の存在も想定するならば、百か所は下らない津が分布していたとみてよいだろう。

こうした数々の津の成立は、たとえば常陸平氏系一族、具体的には、鹿島氏・行方氏・東条氏など初期段階の一族から、さらに郷単位に庶子たちが分かれ、それぞれの津（あるいは沿岸部の寺社）を含む都市・町場を整備していったことが大きい。とくに、南北朝の動乱で惣領制《そうりょうせい》（嫡子が庶子を統制・支配する状況）が解体過程に入り、各地で庶子が自立、独立する傾向にあったことも、沿岸地域の津が独自性豊かに機能としていく要因になったのである。

そうした津のひとつとして、信太荘下条佐倉郷古渡《ふっと》津（茨城県稲敷市信太古渡）がある。ここは浦渡宿《うらとじゅく》ともいわれ、霞ケ浦に注ぐ小野《おの》川河口の砂州に形成された津であり、また宿《しゅく》であった。さらには小野川対岸の東条荘との境に位置する渡し場でもあった。

そこには南北朝期までに、後の天台宗円密院《えんみついん》につながる「無縁談所《むえんだんじょ》」をはじめ、権現《ごんげん》堂・阿弥陀《あみだ》堂・毘沙門《びしゃもん》堂・北野天神宮《きたのてんじんぐう》などの仏寺・仏堂・神社が建てられ、網野善彦氏が説くように「宿中のおとな」と呼ばれる人びとは、思い思いにその檀那になった。さらに「類火《るいか》の難《なん》」、すなわちいったん火事が起これば周囲に延焼するほど人家が密集していたのである。

香取神宮◆香取地内の中東部を占める亀甲山に鎮座する。東国の武徳の祖神として常陸鹿島神宮と並称され、下総国一宮とされる　千葉県香取市

さらに、「能化《のうげ》」とよばれる学僧たちが、おそらくは水運を利用して各地から布教に訪れ、前述の諸堂にて説法の場を開き、人びとを教化したことだろう。そうしたなかのひとり、什覚《じゅうかく》という僧侶は、ここの毘沙門堂で布教したのち、相模国を経て、上総国長南《ちょうなん》（千葉県長南町）に赴き、「長南の能化」と呼ばれたという。その什覚の後任が覚叡《かくえい》という僧侶であり、やはり毘沙門堂で布教した後、小野川の対岸に広がる「東条小野」、すなわち東条荘小野郷に移ったという。長南には長福寿寺《ちょうふくじゅじ》、小野には逢善寺《ほうぜんじ》という天台宗の寺院があり、ともに中世の談義所《だんぎしょ》（僧侶の学問所）であった。彼らの活動は天台教学の発展に寄与したのである。

つまり、彼らは水運の便のよいところは船を利用しながら、各地を遍歴し、そこで師・弟子を求め、さらには経典類の筆写に努めた。やがて、然るべき寺院に迎えられて、そこで重きをなしたのである。その意味で、古渡津は水運の要衝だけでなく、その水運の利点によって文化の発展にも大きく貢献していたのである。

有道盛胤寄進状◆常陸国信太荘下条佐倉郷浦渡宿草切年貢１貫600文を無縁所であるため寄進している　円密院文書　茨城県稲敷市・円密院蔵　写真提供：稲敷市立歴史民俗資料館

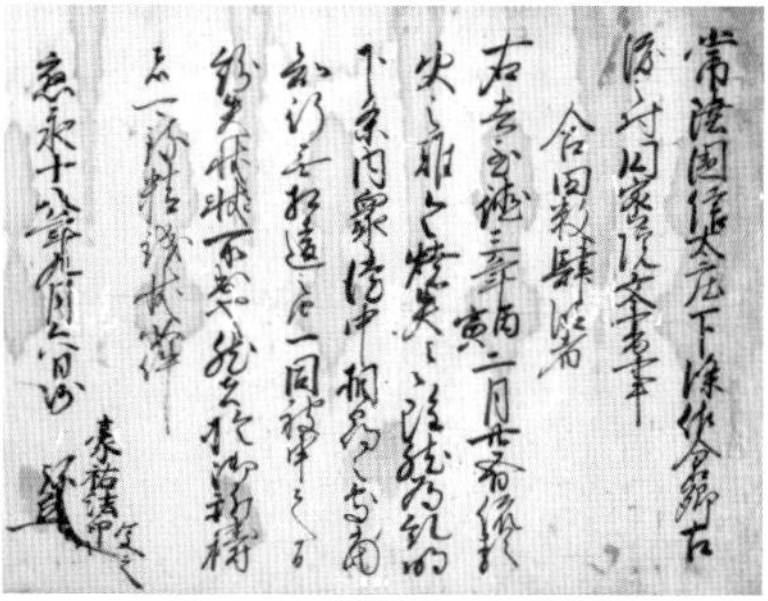

土岐原秀成紛失状◆円密院文書が焼失したことを伝える。円密院は能化什覚が天台宗円密院としての形を整えた。焼失した文書もあるが、現存しているものも相当数あり中世文書の宝庫でもある。江戸時代末の火災で仏像などを焼失したが、本堂は1974年に再建された。境内には、安政７年（1860）二月銘の馬頭観音碑がある　円密院文書　茨城県稲敷市・円密院蔵　写真提供：稲敷市立歴史民俗資料館

古渡の風景◆茨城県稲敷市

一　北下総に広がる利根川を利用した水運と古い街道

一方、北下総地域も河川・湖沼の多い低湿地が広がる地域である。現在の代表的な河川は、利根川と江戸川であり、利根川は五霞町を除き茨城県と千葉県の境となり、江戸川は千葉県と東京都・埼玉県の境となる。しかし、これは近世以降のすがたである。

中世以前の利根川は、およそ埼玉県内を流れる会《あい》の川・大落古利根川《おおおとしふるとねがわ》である。もちろん、現在の利根川筋がなかったわけではない。古河市と境町の南部を流頭部とした常陸川であり、途中で小貝川（蚕飼川・子飼川）、鬼怒川（毛野川・衣川）も合流しながら、藺沼《いぬま》を経て香取《かとりの》海《うみ》（内海）に注いでいた。また、江戸川筋は上流部が渡良瀬《わたらせ》川、中下流域が太日《ふとひ》川（大井川）と呼ばれていたのである。また、常陸川の流頭部、あるいは鬼怒川・小貝川の流域には、大《おお》山沼《やまぬま》・釈迦沼《しゃかぬま》・長井戸沼《ながいどぬま》・一ノ谷沼《いちのやぬま》・鵠戸沼《くぐいどぬま》・菅生沼《すがおぬま》などの沼地も広がっていた。

こうした地域に結城郡・豊田郡・幸嶋郡のほか、下河辺荘・豊田荘などの荘園も広がっていた。これらの地域には、小山氏系一族である結城氏、下河辺氏（幸嶋氏）、あるいは常陸平氏系の豊田氏などの進出がみられたが、鎌倉時代後期以降は、北条氏系の勢力が広まっていった。前述の河川沼沢は、鎌倉にいる北条氏と現地とを結ぶ水運の機能を大いに発達させる媒体となったのである。

その水運の発展のなかで経営されたのが下河辺荘であり、後述する結城郡下方《しもかた》毛呂《もろ》郷である。ここは金沢北条氏、あるいは金沢・称名寺（真言律宗。横浜市金沢区）領となった。他の豪族、たとえば幸嶋氏などは逼塞《ひっそく》状態となり、結城氏にしても北条氏にすり寄ることで自身の立場を維持する方針をとった。とりわけ結城氏一族の山川氏などは、元亨《げんこう》元年（一三二一）八月、自身の支配地である毛呂郷を、これまで信仰関係のなかったはずの称名寺に寄進するなど、

称名寺◆鎌倉幕府の引付衆・評定衆を歴任した北条実時が金沢の別業内に営んだ持仏堂がその起源と推定される。交通の要地には必ず称名寺とかかわりの深い寺があり、寺領経営上の事務連絡の中継点ともなり、学僧の研究活動の拠点としての機能も果たした　横浜市金沢区

接近度は本家を凌ぐほどだった。こうして、十四世紀前半の北下総地域は、北条氏にとっては重要な地域となったのである。

さらに、鎌倉から北下総へ、さらには下野国・陸奥国方面へとつながる地域でもあった。たとえば、日蓮の孫弟子で法華経寺《ほけきょうじ》（千葉県市川市）の第三世となった日祐《にちゆう》（一二九八〜一三七四）は、応安六年（一三七三）卯月八日、弟子の日尊《にっそん》宛てに譲るべき寺領などを書き出している。この文書において、茨城県では古河・妙光寺《みょうこうじ》が載っている。それだけでなく、法華経寺地元の下総国八幡《やわた》荘、そして武蔵国六浦・奥州姉葉《あねは》・奥州大怒満利《おおぬまり》もある。これは六浦→（東京湾）→八幡庄→（太日川）→古河→（奥大道）→陸奥国、というように、南北を海路・川路・陸路を使って移動する、そうした主要交通路を媒介して寺領が形成されてきたことを暗示している。六浦は金沢称名寺の寺基も含まれる六浦荘のことであり、ここには日蓮宗・上行寺《じょうぎょうじ》があり、日祐の開山となる。この移動ラインは、見方を変えれば、金沢北条氏・称名寺が下河辺荘との往来に利用するルートでもあった。

さて、このなかの陸路のうち、とくに重要なのが鎌倉街道中道《なかつみち》、あるいは奥大道《おくだいどう》である。とりわけ、金沢北条氏領下河辺荘、金沢称名寺領結城郡毛呂郷、さらに陸奥国方面に多い北条氏領との往来のためにも、北条氏は北下総地域の交通体系を整備してきた。この北下総地域を通るいわゆる「鎌倉街道中道」であるが、古代から中世に至る各段階ごとに重要度に従って、六つの経路をとることが内山俊身氏によって明らかにされている。そのなかで、三つの経路を見ておきたい。

まず、埼玉県久喜市高柳から古河市内を通過して、野木《のぎ》神社（栃木県野木町）の前を横切り、栃木県小山市内に入る経路である。平安時代末期より、この地域を支配した下河辺氏の居館（古河城の立崎郭に比定）の近くも通過することが想定され、もっとも古い段階の鎌倉街道中

上行寺◆上行寺は、南北朝時代初期に六浦妙法（荒井妙法）が自邸を寺院とし、下総国の中山法華経寺三世である日祐に寄進し、自ら開基となって開かれたといわれている。上行寺が位置する六浦は鎌倉の湊として栄えた地域で、上行寺の門前一帯も船着場であったという。上行寺の東側にはやぐらが密集しており、石塔や人骨が出土している　横浜市金沢区

道とされる。

二つ目は、従来から広く鎌倉街道中道の基幹道路といわれてきた経路である。これは、鎌倉を出て武蔵国東部を通り、現在の埼玉県宮代町・杉戸町を経て、茨城県に入り五霞町から古河市を経て栃木県野木町に至る。武蔵国太田荘須賀《すが》郷（宮代町須賀）と下総国下河辺荘高《たか》野《の》郷（杉戸町下高野）の境には、高野川（この近辺を流れる利根川をとくに高野川と呼ぶ）が流れ、ここに架ける橋を、金沢北条氏の氏寺である金沢称名寺が管理していたのである。

さらに、この経路に沿って北上すると、下河辺荘前林《まえばやし》郷（古河市前林）に至る。ここは大山沼・釈迦沼に挟まれた低位台地であり、常陸川の流頭部にあたる。鎌倉時代後期、下河辺荘が金沢北条氏領になると、その氏寺である金沢・称名寺の教線も伸び、同地にはその末寺である戒光寺《かいこうじ》が開かれた。ここには本寺はもちろん、各地から僧侶も訪れ、聖教《しょうぎょう》類がもたらされたり、ここで書写されたり、文化の発展にも寄与した。

三つ目は、下河辺荘南東部、常陸川と太日川に挟まれた地域（現在の千葉県野田市）を北西に進み、幸嶋郡から結城郡に入る。現在の県道十七号結城野田線に相当する。途中には山川氏が称名寺に寄進した毛呂郷（茨城県結城市北南茂呂）が位置する。元亨元年（一三二一）八月の山川貞重《さだしげ》寄進状には、「鎌倉大道」が存在する旨も明記される。そして、さらに北上すると結城の城下に至ることになる。

前述のように、北下総地方は北条氏関係の領地が多くなったため、水運や陸路の整備なども円滑に進められたらしい。もともとの地元の豪族は、北条氏によって勢力を削減させられたが、もう一面では北条氏の一族による支配の一元化は、流通・交通の整備発展をおおいに促したのである。

高野の渡し推定地◆埼玉県杉戸町

結城市内を通る「鎌倉街道」◆茨城県結城市北南茂呂

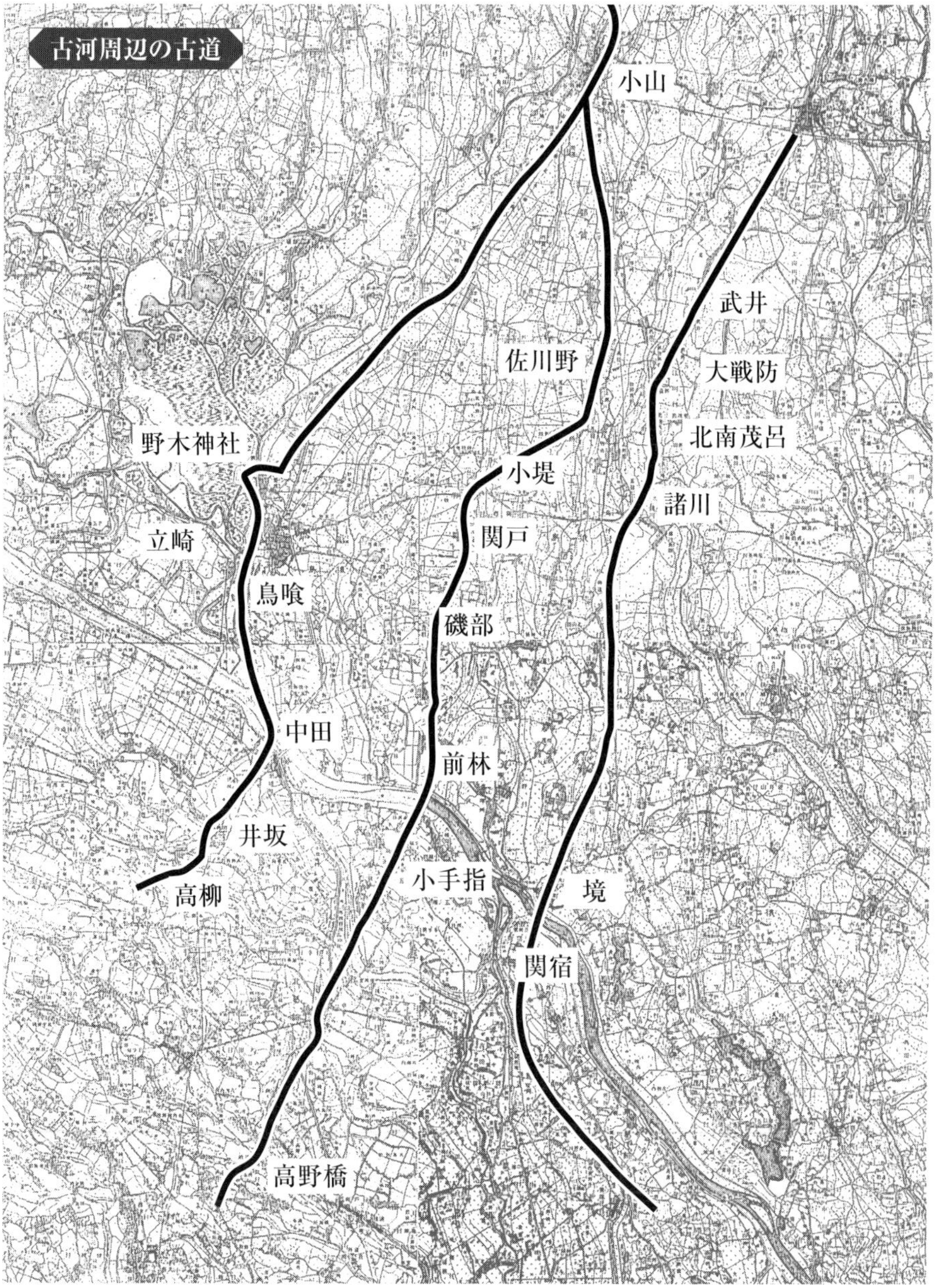

『常陸南北朝史』より転載　文字は修正　原図：内山俊身氏・宇留野主税氏作成

年号	西暦	
承久3年	1221	5月、後鳥羽上皇が北条義時追討の院宣を出す。 6月、幕府軍が京都を制圧し、後鳥羽上皇が処罰される（承久の乱）。
宝治元年	1247	6月5日、北条時頼が三浦泰村を滅ぼす（宝治合戦）。
弘安8年	1285	11月17日、平頼綱が安達泰盛を討つ（霜月騒動）。
文保2年	1318	3月、後醍醐天皇即位する。
元亨元年	1321	8月、山川貞重、結城郡下方毛呂郷を金沢称名寺に寄進する。
正中元年	1324	8月、鎌倉幕府、称名寺に対して高野川（利根川）の橋の管理を任せる。
元弘3年	1333	足利高氏、鎌倉幕府を離反し、六波羅探題を攻め落とす。新田義貞、鎌倉幕府を滅ぼす。後醍醐天皇、建武の新政をはじめる。
建武2年	1335	尊氏、後醍醐天皇に反旗を翻す
延元元年 建武3年	1336	正月、楠木正家が瓜連城に入る。 正月16日、北畠顕家が近江国坂本で足利尊氏軍を破る。 2月、瓜連城の戦いがはじまる。2月6日、瓜連城の攻撃で佐竹貞義の子・義冬が討ち死に。 2月25日、楠木方として瓜連城に入った佐竹氏一族の幸乙丸が佐竹貞義と戦う。 5月25日、楠木正成、討ち死にする（湊川の戦い）。 7月22日、伊賀盛光が佐竹貞義の命令を受けて武生城に集合したのち、南朝方の小田治久・広橋経泰と戦うも敗れる。 11月7日、尊氏、「建武式目」を制定する（室町幕府の創立）。 12月2日、伊賀盛光が再び武生城に集結。12月10日、盛光は佐竹義篤の配下として岩出河原で小田治久・広橋経泰と戦い、勝利する。 12月10日、北畠顕家、結城郡にて結城・小山・山川氏などと戦う。 12月11日、瓜連城が落ちる。 12月21日、後醍醐天皇、吉野に移る（南北朝の動乱のはじまり）。
延元2年 建武4年	1337	正月8日、顕家、鎮守府を多賀城より霊山に移す。 2月21日、石塔義房・相馬親胤が関郡に乱入。瓜連城攻略を終えた伊賀盛光、小田城を攻めるため南下し、討って出てきた小田治久と国府原で戦う。

延元2年	建武4年	1337	8月11日、北畠顕家、霊山を発って二度目の西上の途につく。 8月19日、顕家、小山城を落とし小山朝氏を捕らえる。 12月23日、顕家が鎌倉に突入。12月25日、顕家、鎌倉を守っていた斯波家長を自害に追い込む。
延元3年	暦応元年	1338	正月2日、顕家、鎌倉を発して東海道を西に進撃。 正月24日、顕家、足近川を渡り、美濃国赤坂・青墓に着く。 正月28日・29日、顕家、美濃国青野原にて、北朝方の土岐頼遠・上杉憲顕・桃井直常を破る。 2月14日、顕家、伊勢国雲出川で北朝方と戦う。 2月21日、顕家、奈良に入る。 5月22日、顕家、和泉国石津浜で高師直と戦い討ち死にする。 9月、北畠親房、義良親王・宗良親王を奉じ、次子の北畠顕信・伊遠行朝・白河結城宗広らとともに、伊勢の大湊から船団を仕立て奥州をめざして出帆する。ところが暴風雨に遭って散り散りになり、義良親王・結城宗広・北畠顕信は伊勢国に吹き戻され、宗良親王は遠江国に流れ着いた。このようななか、親房らの一行のみが常陸東条荘に漂着。東条荘に上陸した親房は神宮寺城に入るも、佐竹義篤の被官小野崎次郎左衛門尉・一方七郎左衛門尉や、鹿島幹寛・烟田時幹らの鹿島一族によって攻められた。ついで阿波崎城も攻略されるに至り、10月、親房は小田治久の小田城に移った。 11月6日、親房、白河結城親朝宛てに書状を送り、奥州に下向して奥州武士を南朝方へ味方につけたいが、思うにまかせない状況を記す。 11月26日、親房、小田・伊佐・関諸氏の忠節を記し、また義良が吉野で東宮になったことを伝え、重ねて親朝の出兵を依頼する。
延元4年	暦応2年	1339	2月12日、親房、宇都宮氏・那須氏などを討伐し、奥州道の通りを改善して東海道以下の北朝方を退治するときは重ねて申し出て欲しいと結城親朝に伝える。この頃、親房と行動をともにする春日顕国は矢木岡・益子・上三川・箕輪などの下野国内の諸城を落とし、常陸国中郡城の攻撃を指揮している。 4月6日、足利尊氏の命を受けた高師冬軍が京都を出発。 7月26·27日、結城親朝、親房の指示に従い陸奥国長福楯の北朝方を降す。高師冬、鎌倉に入り軍勢を整え、 8月20日、鎌倉を発つ。 9月8日、高師冬軍、武蔵国村岡に入る。 10月3日、高師冬軍の一部が下総国を経て常陸国へ侵攻。 10月22日、相模国の国人領主・矢部定藤、結城郡の並木渡へ出撃。

南朝年号	北朝年号	西暦	出来事
延元4年	暦応2年	1339	10月23日、矢部定藤、鬼怒川の折立渡を渡り、対岸の関軍関本付近で駒城から出撃してきた南朝方を追い散らし、周辺の民家を焼き払う。 10月25日、高師冬軍、南朝方の拠点の一つであった駒城を攻める。 10月26日夜、矢部定藤、駒城攻めのため、城の向かいに矢倉を構える。 11月8日、駒城の城の壁を破壊する。 11月29日、駒城方も出撃し、師冬軍を翻弄。 12月頃、駒城を攻める北朝方より離脱者が続出する。
興国元年	暦応3年	1340	正月11日より関宗祐が並木渡（結城市）に陣を構え、北朝方の軍勢に食糧を搬入する道を断とうとする。 2月28日、師冬軍に陸奥国の伊賀盛光の代官・細野政義が加わり、駒城を攻める。 5月26日、駒城の壁際で合戦。 5月27日、駒城が落城し、大将の中御門実寛が捕らえられる。 5月28日、南朝方が反撃に転じ、八丁目・垣本・鷲宮・善光寺山などの諸城を奪回する。 5月29日、南朝方が飯沼楯を落城させ、師冬は駒城を放棄して撤収。 8月19日、鶴岡八幡宮にて駒城落城の祈願がなされる。
興国2年	暦応4年	1341	5月9日、師冬軍の別府幸実、瓜連城より小田城攻めに出陣する。この頃、師冬も小田城に向かう。 6月13日、師冬、大掾高幹・税所幹治に命じて南朝方の志筑城を落とす。 6月14日、師冬、小田城間近にあたる方穂荘に入る。 6月15日、師冬軍、小田城の北側に位置する宝篋山の山頂を攻略。 6月16日、師冬軍、宝篋山山頂を奪おうとする小田方の軍を撃退。 7月、小田治久、若森・玉森にて師冬軍と戦う。 7月17日、師冬、別府実幸と相模国の国人領主・屋代信経に命じ、信太荘佐倉郷の佐倉楯を落とし、さらに「伊佐津海」を渡って東条荘に進撃し、東条城・亀谷城を落とす。 7月23日、師冬軍、高井城を攻めて焼き払う。 8月、小田城に吉野から興良親王が入る。 11月11日、小田治久が小田城を開城し、師冬軍を城内にいれる。親房は関城、春日顕国は大宝城に入る。 11月18日、小田治久が正式に師冬に降伏する。 12月3日、師冬、小田城周囲に配した陣を焼き払い、小田治久を伴い、村田荘に陣取る。 12月8日、師冬軍、関城・大宝城の攻撃を開始。

興国2年	暦応4年	1341	12月、北畠親房、結城親朝に関城・大宝城周辺の形勢を詳しく報じ、来援を重ねて要請。
興国4年	康永2年	1343	この頃になると、師冬方の監視が厳しく、関城・大宝城の間の水上移動も容易ではない事態になる。 8月19日、親朝は建武2年以前の所領・所職の安堵を条件に、北朝方の足利勢に応じる。 11月11日、関城が落ちる。 11月12日、大宝城が落ちる。関城の関宗祐・宗政父子、大宝城の下妻政泰はともに討ち死にし、親房は関城落城直前に舟で城を脱出し、尾張国宮崎に到着した後、吉野へ帰還。
正平4年	貞和5年	1349	この年、足利尊氏、四男基氏を鎌倉公方として下し、鎌倉府として機能させる。
正平7年	文和元年	1352	12月11日、小田治久が没し、孝朝が治久の跡を嗣いで小田氏の当主となる。
正平9年	文和3年	1354	この年、復庵宗己、正受庵を法雲寺と改める。
正平22年	貞治6年	1367	この年、小山義政、宇都宮氏綱に替わり、下野守に任ぜられる。
建徳元年	応安3年	1370	6月、小山義政、室町幕府の命により常陸国伊佐郡平塚郷を鹿島社に寄進される。
文中元年	応安5年	1372	11月、小山義政、武蔵国太田荘の総鎮守である鷲宮神社の社殿造営を手がける。
天授2年	永和2年	1376	4月、小山義政、武蔵国鷲宮神社に太刀を奉納する。
天授6年	康暦2年	1380	5月、小山義政、宇都宮基綱を下野国裳原で討つ。 6月1日、鎌倉公方足利氏満、鎌倉府管轄下の国元の武士に対し、小山義政の追討を命じる。 6月18日、氏満を総大将とする軍が武蔵国府中に着く。 8月12日、小山・大聖寺で鎌倉府軍と小山軍が戦う。 8月29日、小山義政屋敷をめぐり合戦。 9月19日、小山義政、氏満に降伏するも出頭せず。 12月、氏満、小山義政に対し、二度目の討伐軍を派遣。
弘和元年	永徳元年	1381	鹿島郡北部の国人領主・烟田重幹、5月27日、児玉塚へ参陣し、小山各所の陣を警護。 6月12日、重幹、本沢河原の合戦で戦功をあげる。 6月26日、重幹、千町谷の合戦で戦功をあげる。 7月18日、重幹、中河原の合戦で戦功をあげる。 7月29日、重幹、粟宮口の戦いで野臥合戦を展開。

弘和元年	永徳元年	1381	8月12日、重幹、鷲城の東戸張口の合戦で軍忠をなす。 10月15日、鷲城に火が放たれ、切岸で合戦が行われる。 11月16日、鷲城の外城の城壁が破壊される。 12月6日、鷲城の堀を埋める作戦を開始。 12月8日、小山義政が降伏する。 12月12日、義政、出家して家督を子の若犬丸に譲る。
弘和2年	永徳2年	1382	3月22日、小山義政、祇園城に火を放ち、若犬丸とともに粕尾城に籠もる。 4月11日、粕尾城が落ちる。 4月13日、義政、自害する。若犬丸は粕尾城から逃亡して陸奥国に逃れる。
元中3年	至徳3年	1386	5月27日、潜伏していた小山若犬丸、祇園城に戻り挙兵。 7月2日、氏満自らの出陣を受け、若犬丸は小田氏を頼る。
元中4年	嘉慶元年	1387	5月、小田孝朝が小山若犬丸を秘匿しているという謀反が発覚。 6月、鎌倉府が鎌倉在中の小田孝朝・治朝父子を捕縛。 7月19日、犬懸上杉朝宗を主力とする小田討伐軍が常陸国に向けて進発。
元中5年	嘉慶2年	1388	5月12日、鎌倉府軍、小田方の岩間知連が籠もる男体山城の切岸の陣取り合戦を起こす。 5月18日、鎌倉府軍、男体山城を落とす。 5月22日、小田孝朝が解放される。
元中9年	明徳3年	1392	閏10月5日、南北朝が合一する。
応永4年		1397	この年、小山若犬丸が会津にて自害し、小山氏は滅亡する。
応永15年		1408	関東管領山内上杉憲定の子・龍保丸、佐竹宗家を嗣ぐ（佐竹義人）。
応永18年		1411	2月9日、巻頭管領山内上杉憲定の辞職にともない、上杉氏憲（禅秀）が関東管領に就任する。
応永22年		1415	4月、上杉氏憲（禅秀）、関東管領を解任される。
応永23年		1416	10月2日、上杉禅秀、足利満隆らとともに足利持氏の御所を襲撃（上杉禅秀の乱の始まり）。
応永24年		1417	正月5日、禅秀、武蔵国世谷原の合戦で足利持氏方を破る。正月9日、禅秀、山内上杉憲基・佐竹義人との合戦に敗れて鎌倉に逃げ帰る。正月10日、禅秀、鎌倉雪ノ下で足利満隆・足利持仲らとともに自害する。

応永25年	1422	この年6月までに、小栗満重、鎌倉府に対して反乱を起こす（小栗満重の乱）。年内にはいったん小栗満重は鎌倉府に降伏。
応永28年	1421	この年、佐竹氏宗家の佐竹義人に対し反発した額田義亮、額田城に籠もり、義人が攻略にあたる。
応永30年	1423	5月、再び反乱を起こした小栗満重に対し、足利持氏が自ら軍勢を率いて討伐に向かう。8月2日、足利持氏軍、小栗城を落とす。
応永32年	1425	足利持氏、佐竹義人・山入祐義を常陸国半国守護職に任ずる。
正長元年	1428	正月18日、足利義教が室町幕府将軍となり、足利持氏の将軍就任の望みが絶たれる。
永享10年	1438	6月、足利持氏、子の賢王丸の元服に際して先例を無視する（室町幕府への反発）。 8月14日、関東管領上杉憲実、持氏の家臣としての限界を感じ、鎌倉から逃れる。 8月16日、足利持氏、前関東管領上杉憲実の討伐軍を起こす（永享の乱）。 8月22日、京都から上杉教朝を大将とする幕府軍が足利持氏討伐のため関東に差し向けられる。 9月末から10月にかけて、上杉憲実軍・幕府追討軍と足利持氏軍が合戦を繰り広げる。 11月2日、持氏、山内上杉家執事の長尾忠政に導かれて鎌倉に入る。 11月11日、持氏、鎌倉二階堂の永安寺に留められる。
永享11年	1439	2月10日、持氏、鎌倉・永安寺で自害する。 2月28日、持氏の息子・義久、報国寺で自刃。
永享12年	1440	3月4日、持氏遺児の安王丸、木所城で挙兵（別説では橋本城とも）。 3月13日、筑波玄朝、安王丸のもとに馳せ参じる。 3月18日、安王丸ら結城城に入り、結城氏朝は安王丸らを擁して挙兵。 4月19日、上杉清方、室町幕府から結城への出陣を命じられ鎌倉を発つ。 7月末、清方、結城に入り、本格的な攻城戦が開始される。
嘉吉元年	1441	4月16日、攻城軍が総攻撃を仕掛けて結城城が落ち、氏朝は自害。持氏遺児は捕まる。 5月3日、氏朝の首が京都に到着する。 5月4日、将軍義教、氏朝の首を実検。 5月9日、氏朝の首、六条河原にさらされる。 5月16日、安王丸・春王丸、美濃国垂井宿の金蓮寺で斬首となる。

【主要参考文献】

〔報告書〕

阿見町教育委員会『阿見町掛馬備蓄銭調査報告』（一九九四）

石岡市教育委員会『東成井山ノ神遺跡（石岡市埋蔵文化財調査報告書）』（二〇一二）

茨城県教育財団『島名前野東遺跡（茨城県教育財団文化財調査報告 第一九一集）』上巻（二〇〇二）

茨城県教育財団『島名境松遺跡 島名前野東遺跡（茨城県教育財団文化財調査報告 第二八一集）』（二〇〇七）

協和町小栗地内遺跡調査会『小栗地内遺跡群発掘調査報告書』（一九八九）

下妻市教育委員会『国指定史跡大宝城跡発掘調査報告書 第40次調査』（二〇一二）

下妻市教育委員会『国指定史跡大宝城跡発掘調査報告書 第41次調査』（二〇一二）

つくば市教育委員会『史跡小田城 第50次調査（本丸跡確認調査Ｖ）概要報告』（二〇〇五）

山本 勉『法性寺如意輪観音菩薩像の研究 修理完成を機に』（水海道市教育委員会編、一九九五）

〔自治体史〕

東町史編纂委員会『東町史』通史編（二〇〇三）

石岡市史編さん委員会『石岡市史』下巻（通史編）（一九八五）

茨城県立歴史館『茨城県史料』中世編Ｖ（一九九四）

茨城県史編さん中世史部会『茨城県史料』中世編Ⅱ（一九七四）

茨城県史編さん中世史部会『茨城県史料』中世編Ⅰ（一九七〇）

茨城県史編集委員会『茨城県史』中世編（一九八六）

茨城県立歴史館『茨城県史料』中世編Ⅲ（一九九〇）

岩間町史編さん委員会『岩間町史』（二〇〇二）
瓜連町史編さん委員会『瓜連町史』（一九八六）
埼玉県『新編埼玉県史』資料編五　中世一　古文書一（一九八二）
下妻市教育委員会『下妻市史料』古代・中世編（一九九六）
下妻市史編さん委員会『下妻市史』上巻　原始古代・中世（一九九三）
関城町史編さん委員会『関城町史』史料編Ⅲ　中世関係史料（一九八五）
関城町史編さん委員会『関城町史』通史編　上巻（一九八七）
関城町教育委員会『関城町史』関城地方の中世城郭跡（一九八九）
仙台市編さん委員会『仙台市史』通史編二　古代中世（二〇〇〇）
総和町史編さん委員会『総和町史』通史編　原始・古代・中世（二〇〇五）
総和町史編さん委員会『総和町史』資料編原始・古代・中世（二〇〇二）
多賀城市史編さん委員会『多賀城市史』第一巻（原始・古代・中世）（一九九七）
筑波町史編さん委員会『筑波町史史料集』第一〇篇　中世編Ⅱ（一九八六）
筑波町史編さん委員会『筑波町史史料集』第八篇　中世編Ⅰ（一九八四）
筑波町史編纂委員会『筑波町史』上巻（一九八九）
西吉野村誌編集委員会『西吉野村史』（一九六四）
鉾田町史編さん委員会『鉾田町史 中世史料編　烟田氏史料』（一九九九）
日立市史編さん委員会『日立史苑』第八号　棟札特集号（一九九五）
日野市史編さん委員会『日野市史史料集　高幡不動　胎内文書編』
真壁町史編さん委員会『真壁町史料』中世編１（一九八三）
宮代町教育委員会『宮代町史』通史編（二〇〇二）
結城市史編さん委員会『結城市史』第四巻　古代中世通史編（一九八〇）
結城市史編さん委員会『結城市史』第一巻　古代中世史料編（一九七七）

〔史料集〕
荒木　繁・山本吉左右『説経節　山椒太夫・小栗判官他』〈東洋文庫二四三〉（平凡社、一九七三）
大隅和雄『六地蔵寺本神皇正統記』（汲古書院、一九九七）
神奈川県立金沢文庫『金沢文庫資料全書』第九巻　寺院指図篇（一九八八）
菊池真一『『結城軍物語』翻刻〈近世初期文芸　第二四号〉』（二〇〇七）
村田正志「相楽家蔵結城文書の概要及び解説」（『人文学会紀要』第一一号、国士舘大学文学部人文学会、一九七九）
横井金男『北畠親房文書輯考』（大日本百科全書刊行会、一九四二）

〔展示図録〕
飯田市美術博物館『中世信濃の名僧―知られざる禅僧たちの営みと造形―』（二〇〇五）
茨城県立歴史館『戦国大名常陸佐竹氏』（二〇〇五）
大田原市那須与一伝承館『『結城戦場物語絵巻』の世界と那須の戦国』（二〇一二）
小山市立博物館『小山の遺跡3　～中世小山氏を中心に～』（二〇一〇）
小山市立博物館『秀郷流藤原氏の系譜：森戸果香の絵画から』（一九九二）
霞ヶ浦町郷土資料館『祈りの造形：中世霞ヶ浦の金工品』（二〇〇〇）
神奈川県立歴史博物館『遊行の美術』（一九八五）
上高津貝塚ふるさと歴史の広場『埋蔵銭の物語―出土銭から見た中世の世界―』（一九九七）
上高津貝塚ふるさと歴史の広場『焼き物にみる中世の世界―県内出土の土器・陶磁器を中心にして―』（一九九九）
群馬県立歴史博物館『関東戦国の大乱』（二〇一一）
斎宮歴史博物館『後醍醐―最後の斎王とその父―』（二〇一一）
埼玉県立博物館『太平記絵巻の世界』（一九九六）
土浦市立博物館『中世の霞ケ浦と律宗―よみがえる仏教文化の聖地―』（一九九七）

土浦市立博物館『戦国武将小田氏と法雲寺』（二〇一一）
栃木県立博物館『足利尊氏―その生涯とゆかりの名宝―』（二〇一二）

〔単行本〕
網野善彦『蒙古襲来〈日本の歴史　第一〇巻〉』（小学館、一九七四）
網野善彦『日本中世の非農業民と天皇』（岩波書店、一九八四）
網野善彦『中世再考―列島の地域と社会―』（日本エディタースクール出版部、一九八六）
伊藤喜良『東国の南北朝動乱：北畠親房と国人』（吉川弘文館、二〇〇一）
江田郁夫『室町幕府東国支配の研究』（高志書院、二〇〇八）
岡野友彦『北畠親房―大日本は神国なり』（ミネルヴァ書房、二〇〇九）
桜井　彦『南北朝内乱と東国〈動乱の東国史4〉』（吉川弘文館、二〇一二）
佐藤進一『南北朝の動乱〈日本の歴史　第九巻〉』（中央公論社、一九六五）
正宗寺文化財保存協会編『正宗寺』（正宗寺文化財保存協会、一九八三）
鈴木英之『中世学僧と神道―了誉聖冏の学問と思想―』（勉誠出版、二〇一二）
中村孝也『北畠顕家卿』（開明堂、一九三八）
三重県郷土資料刊行会『伊勢国司とその時代―北畠氏興亡の跡―』（北畠顕能公六百年祭奉賛会、一九八二）
村田昭『聖冏伝序説』（西蓮社、二〇〇二）
森茂暁『室町幕府崩壊―将軍義教の野望と挫折―』（角川書店、二〇一一）

〔論文〕
網野善彦「海民の社会と歴史2　霞ヶ浦・北浦」（『社会史研究』2、日本エディタースクール出版部、一九八三）

石井　進「鎌倉時代の常陸国における北条氏所領の研究」(『茨城県史研究』第一五号、一九六九)
市村高男「鎌倉末期の下総山川氏と得宗権力：二つの長勝寺梵鐘が結ぶ関東と津軽の歴史」(『弘前大学國史研究』第一〇〇号、一九九六)
市村高男「小田孝朝の乱と鎌倉府体制」(『牛久市史研究』第八号、一九九九)
市村高男「中世港湾都市那珂湊と権力の動向」(『茨城県史研究』第八七号、二〇〇三)
内山俊身「下総西部の「中世の道」について―鎌倉街道中道の様相―」(『常総の歴史』第四三号、崙書房、二〇一一)
内山俊身「戦国期常陸小田氏城下町について―小田城下絵図の紹介を中心に―(『常総の歴史』第二三号、崙書房、一九九九)
小森正明「常陸国富有人注文の基礎的考察」(『茨城県史研究』第七一号、一九九三)
佐々木銀弥「中世常陸の国府六斎市とその商業」(『茨城県史研究』第一八号、一九七〇)
佐藤博信「畠山持国と岩松持国」(『日本史研究』第二九六号、一九八七)
清水　亮「金沢文庫所蔵「荘園図」位置比定の試み」(『東京大学史料編纂所附属画像史料解析センター通信』一四号、二〇〇一)
清水　亮「金沢文庫所蔵「下総国毛呂郷絵図断簡」に関する一考察」(『荘園絵図のデジタル化と画像解析的研究』課題番号12410087、二〇〇二)
杉山一弥「小山義政の乱にみる室町幕府と鎌倉府」(『栃木県立文書館研究紀要』第一四号、二〇一〇)
杉山一弥「小田孝朝の乱にみる常陸男体山と室町幕府」(『國學院雑誌』一一二巻一〇号、二〇一一)
飛田英世「常陸国「海夫注文」再考ノート」(『中世東国の内海世界―霞ケ浦・筑波山・利根川―』高志書院、二〇〇七)
仲根　隆淳「加茂部神社蔵大般若経奥書銘について」(『豊山教学大会紀要』第一四号、一九八六)
萩原義照「中郡木所城址研究」(『岩瀬町史研究』第二号、一九七九)
藤枝文忠「南北朝内乱期における一国人領主下野島津氏の軌跡」(『信濃』七四年三月号、一九七四)
前川辰徳「結城合戦再考」(『結城戦場物語絵巻』の世界と那須の戦国』大田原市那須与一伝承館、二〇一二)
松本一夫「小山義政の乱に関する新史料」(『歴史と文化』第二号、栃木県歴史文化研究会、一九九三)
真保　亨・井原今朝男「新収蔵『結城合戦絵詞』をめぐって」(『歴史系総合誌「歴博」』第九二号、一九九九)

山名隆弘「国魂文書の一考察」（『福島の研究』第二巻、清文堂出版、一九八六）
山本吉左右「伝説生成の一形態―鳥羽田龍含寺小栗堂縁起―」（『口頭伝承の比較研究』1、弘文堂、一九八四）
湯浅治久「東国の日蓮宗」（『中世の風景を読む　二巻　都市鎌倉と坂東の海に暮らす』新人物往来社、一九九四）

〔DVD〕
篠崎　隆『小栗・照手物語―小栗街道をゆく―』（レックス出版事業部、二〇〇九）

【編者略歴】
茨城県立歴史館（いばらきけんりつれきしかん）
茨城県の歴史に関する資料を収集・整理・保存・調査研究し、その結果を広く一般県民に公開するために昭和49年（1974）に開館した。文書館機能と博物館機能を併せ持ち、美術工芸品などのほか、古文書やマイクロフィルムが数多く収蔵する。平成8年に「公開承認施設」として文化庁に認められ、文化財等の保存・公開の業務を行っている。

図説《ずせつ》 常陸武士《ひたちぶし》の戦《たたか》いと信仰《しんこう》

2023年3月10日　初版初刷発行

編　者　茨城県立歴史館
発行者　伊藤光祥
発行所　戎光祥出版株式会社
〒102-0083 東京都千代田区麹町1－7 相互半蔵門ビル8F
TEL：03-5275-3361（代表）　FAX：03-5275-3365
https://www.ebisukosyo.co.jp
印刷·製本　株式会社シナノパブリッシングプレス
装　　丁　川本 要

ISBN978-4-86403-459-3